Strafgesetzbuch.

H. Rüdorff, Obergerichtsrath und Schriftführer der Bundes-Commission. Strafgesetzbuch für das Deutsche Reich. Mit Kommentar. 1871. 2 Thlr.

Rechtshülfe.

Dr. W. Endemann, ord. Prof. und Oberappellationsgerichtsrath. Die Rechtshülfe im Norddeutschen Bunde. Erläuterungen des Bundesgesetzes v. 21. Juni 1869. 20 Sgr.

Konkursordnung.

R. Johow, Obertribunalsrath. Die Preuß. Konkursordnung in ihrer heutigen Gestalt und Geltung und das Gesetz v. 9. Mai 1855. Nebst Subhastations-Ordnung vom 13. März 1869, sowie mit erläuternden Bemerkungen über die Bestimmungen der Konkurs-Novelle vom 12. März 1869. 1 Thlr. 10 Sgr.

Bergrecht.

Dr. R. Klostermann, Oberbergrath. Lehrbuch des Preußischen Bergrechtes mit Berücksichtigung der übrigen Deutschen Bergrechte. 1871. 2 Thlr. 20 Sgr.

— — Das allgemeine Berggesetz für die Preußischen Staaten nebst Einleitung und Kommentar. Zweite Auflage. 1868. 2 Thlr. 10 Sgr.

Patentgesetzgebung.

Dr. R. Klostermann. Die Patentgesetzgebung aller Länder nebst den Gesetzen über Musterschutz und Waarenbezeichnungen systematisch und vergleichend dargestellt. 1869. 2 Thlr. 20 Sgr.

Genossenschaftsgesetz.

L. Parisius. Das Preuß. Gesetz, betreffend die privatrechtliche Stellung der Erwerbs- und Wirthschaftsgenossenschaften nebst den Einführungs-Verordnungen und den Ministerial-Instructionen. Mit Einleitung und Erläuterungen zum praktischen Gebrauche für Juristen und Genossenschafter. 1868. 1 Thlr.

— — Das Genossenschaftsgesetz für den Norddeutschen Bund vom 4. Juli 1868. Ergänzungsschrift zu vorstehendem Buche. 10 Sgr.

Deutsche Reichsgesetzgebung.
Text-Ausgaben mit Anmerkungen.

Die Gesetze über den Unterstützungswohnsitz, die Bundes- und Staatsangehörigkeit und die Freizügigkeit nebst dem Preußischen Ausführungsgesetz über den Unterstützungswohnsitz.

Text-Ausgabe mit Anmerkungen und vollständigem Sachregister

herausgegeben von

C. Hahn,
Ober-Tribunalsrath.

Berlin.
Verlag von J. Guttentag (D. Collin).

1872.

Inhalt.

III. Das Preußische Ausführungsgesetz nebst der Instruktion und Ergänzungen.

Einleitung.*)

Das Reichsgesetz über den Unterstützungswohnsitz bildet einen Abschluß in der Reihe derjenigen Reichsgesetze, durch welche die Schranken, die in mehreren deutschen Staaten die Freizügigkeit, die Eheschließung ꝛc. beengten, auf ein richtiges Maß zurückgeführt worden sind.

Hinsichtlich der, nach allgemeiner Durchführung der Freizügigkeit in erhöhtem Maße wichtig gewordenen Frage, welche Gemeinde (resp. welcher Gutsbezirk) die Unterstützung eines Hülfsbedürftigen in jedem einzelnen Falle zu übernehmen habe, wichen bisher die Gesetzgebungen der einzelnen Deutschen Staaten in durchgreifender, von zwei verschiedenen Systemen beherrschter Weise von einander ab.

Nach den Gesetzen, welche bis zum 1. Juli 1871 in den acht älteren Provinzen der Preußischen Monarchie in Geltung standen, wurde der Unterstützungswohnsitz durch einjährigen oder — wenn eine polizeiliche Meldung des neu Angezogenen nicht erfolgt war — durch dreijährigen Aufenthalt im Bezirk der betreffenden Gemeinde erworben und ging durch dreijährige Abwesenheit wiederum

*) Deutscher Reichs-Anzeiger vom 18. November 1871.

verloren. Die Unterstützung derjenigen Hülfsbedürftigen, welche den Unterstützungswohnsitz in solcher Weise verloren und einen neuen Unterstützungswohnsitz durch fortgesetzten Aufenthalt in einer und derselben Gemeinde noch nicht wieder erworben hatten — der Landarmen — war von größeren (Provinzial-, Kommunal-, Kreisständischen ꝛc.) Verbänden, den Land-Armenverbänden, zu übernehmen, und zwar in dem einzelnen Fall von demjenigen Land-Armenverbande, in dessen Bezirk sich die betreffende Person bei Eintritt der Hülfsbedürftigkeit befand.

Nach den Gesetzgebungen der anderen Deutschen Staaten, sowie nach denjenigen Gesetzen, welche bis zum 1. Juli 1871 in den Provinzen Schleswig-Holstein, Hannover, Hessen-Nassau und in den Hollenzollernschen Landen in Geltung standen, wurde das Heimaths- oder Wohnrecht (der Unterstützungswohnsitz) durch ausdrückliche Rezeption in den Gemeinde-Verband oder ebenfalls durch einen seiner Dauer nach sehr verschieden normirten Aufenthalt im Gemeindebezirke (2 Jahre in Mecklenburg, 3 Jahre in Anhalt, Lübeck, Oldenburg, 5 Jahre im Königreich Sachsen, Waldeck, Lippe, Hannover, 6 Jahre in Braunschweig, 10 Jahre in Weimar und Schwarzburg, 15 Jahre in Schleswig-Holstein) erworben, so jedoch, daß dem Aufenthalte meistens noch eine voraufgegangene polizeiliche Meldung oder die Ansässigkeit mit einem Wohnhause, oder ein selbstständiger Gewerbebetrieb ꝛc. oder sonstige „Qualifikationen" hinzutreten mußten. Der Hauptunterschied dieser Gesetzgebungen, gegenüber der Gesetzgebung der acht älteren Provinzen der Preußischen Monarchie, trat aber darin hervor, daß — mit alleiniger Ausnahme von Waldeck — das einmal erworbene Heimaths- oder Wohnrecht nirgendwo durch bloße Abwesenheit allein, sondern nur durch den Erwerb eines neuen Heimaths- oder Wohnrechts verloren gehen konnte. Das System dieser Gesetzgebungen kannte keine Landarmen und folgeweise auch keine Landarmenverbände. Die Folge dessen war unter Umständen, daß der Einzelne, bei eintretender Hülfsbedürftigkeit, auch nach langer Abwesenheit, in die alte, ihm inzwischen fremd gewordene Heimath zurück dirigirt werden konnte, und diese Folge des Systems trat nicht selten um so bedenklicher hervor, je schwieriger in einzelnen Staaten der Erwerb einer neuen Heimath durch die Spezialgesetzgebung gestaltet worden war.

Das Reichsgesetz über den Unterstützungswohnsitz hat, nicht ohne lebhaften Widerspruch von Seiten der Anhänger des zuletzt gedachten Systems, das System der altpreußischen Gesetzgebung adoptirt. Nach den Bestimmungen desselben wird der Unterstützungswohnsitz durch zweijährigen Aufenthalt — ohne vorgängige Meldung und ohne sonstige „Qualifikationen“ — erworben, er geht durch zweijährige Abwesenheit wiederum verloren. Jede Gemeinde (resp. jeder Gutsbezirk) hat sich der vorläufigen Unterstützung derjenigen Personen zu unterziehen, welche sich beim Eintritt der Hülfsbedürftigkeit in ihrem

Bezirke befinden; sie hat eventuell ihren Regreß zu nehmen

entweder gegen denjenigen Orts-Armenverband, in dessen Bezirk der vorläufig Unterstützte den Unterstützungswohnsitz hat,

oder, wenn derselbe einen Unterstützungswohnsitz überhaupt nicht hat, also zu den Landarmen gehört, gegen denjenigen Land-Armenverband, in dessen Bezirk er sich bei Eintritt der Hülfsbedürftigkeit befand, also gegen denjenigen Land-Armenverband, dem die vorläufig unterstützende Gemeinde selbst angehört.

Das Reichsgesetz hat, unter näherer Ausführung dieser Grundbestimmungen, die Frage nach dem Erwerbe und dem Verluste des Unterstützungswohnsitzes in erschöpfender und der Landesgesetzgebung unbedingt derogirender Weise geregelt. Einen nicht unerheblichen Spielraum hat es dagegen der Landesgesetzgebung gelassen, so weit es demnächst von der Organisation der Armenverbände und von dem Verfahren in Streitsachen handelt.

Anlangend die Organisation der Armenverbände, so bestimmt das Reichsgesetz dem oben Angeführten zufolge, daß in allen Deutschen Staaten Orts-Armenverbände und Land-Armenverbände gebildet werden sollen. Hinsichtlich der Orts-Armenverbände schreibt es sodann vor,

daß dieselben räumlich und ohne Rücksicht auf das Glaubensbekenntniß der Eingesessenen abgegrenzt werden sollen — daß sie aus einer oder mehreren Gemeinden (Gutsbezirken) zu bestehen haben — daß jedes Grundstück einem Orts-Armenverbande, also einer Gemeinde oder einem Gutsbezirke angehören muß,

daß mehrere zu einem Orts-Armenverbande verbundene Gemeinden ꝛc. in Beziehung auf die durch das Bundesgesetz geregelten Verhältnisse, also namentlich auch in Beziehung auf den Erwerb und Verlust des Unterstützungswohnsitzes, als eine Einheit betrachtet werden sollen. —

Die Land-Armenverbände sollen nach dem Reichsgesetze der Regel nach aus einer Mehrheit von Orts-Armenverbänden bestehen, doch kann ausnahmsweise auch Ein (größerer) Orts-Armenverband für sich einen Land-Armenverband bilden; auch kann der betreffende Bundesstaat als solcher die Functionen des Land-Armenverbandes selbst übernehmen.

Das Verfahren in Streitsachen der Armenverbände hat das Reichsgesetz in dispositiver Weise nur für diejenigen Fälle geordnet, in denen ein Streit zwischen zwei Armenverbänden besteht, welche verschiedenen Deutschen Staaten angehören. Das Verfahren soll in derartigen Streitsachen in der Vorinstanz, unter Ausschluß des Rechtsweges, ein administratives sein, die Entscheidung letzter Instanz aber dem Bundesamte für das Heimathswesen obliegen — einer neu geschaffenen Behörde, welche aus wenigstens fünf, von dem Bundes-Präsidium zu ernennenden Mitgliedern zusammengesetzt ist. Die Regelung des Verfahrens in den Streitsachen solcher Armenverbände, welche einem und demselben Deutschen Staate angehören, hat das Reichsgesetz lediglich der Landes-Gesetzgebung überlassen, jedoch mit der nähern Bestimmung, daß es der Landesgesetzgebung zustehen soll, auch für solche Streitsachen das in dem Reichsgesetze vorgesehene Verfahren zu adoptiren und insbesondere also das Bundesamt für das Heimathswesen mit der Entscheidung in letzter Instanz zu befassen.

I.

Gesetz über den Unterstützungswohnsitz.

Vom 6. Juni 1870.

(Bundes-Gesetzblatt 1870. S. 360.)

Wir **Wilhelm**, von Gottes Gnaden König von Preußen ꝛc., verordnen im Namen des Norddeutschen Bundes *), nach erfolgter Zustimmung des Bundesrathes und des Reichstages, was folgt:

---

*) Der § 2 des Gesetzes, betreffend die Verfassung des Deutschen Reichs, vom 16. April 1871 (B. G. Bl. 1871 S. 63) bestimmt:

„Die Bestimmungen in Artikel 80 der in § 1 gedachten Verfassung des Deutschen Bundes (B. G. Bl. 1870 S. 647), unter III. § 8 des Vertrags mit Bayern vom 23. November 1870 (B. G. Bl. 1871 S. 21 ff.), in Artikel 2 Nr. 6 des Vertrages mit Württemberg vom 25. November 1870 (B. G. Bl. 1870 S. 656), über die Einführung der im Norddeutschen Bunde ergangenen Gesetze in diesen Staaten bleiben in Kraft.

Die dort bezeichneten Gesetze sind Reichsgesetze. Wo in denselben von dem Norddeutschen Bunde, dessen Verfassung, Gebiet, Mitgliedern oder Staaten, Indigenat, verfassungsmäßigen Organen, Angehörigen, Beamten, Flagge u. s. w. die Rede ist, sind das Deutsche Reich und dessen entsprechende Beziehungen zu verstehen.

Dasselbe gilt von denjenigen im Norddeutschen Bunde ergangenen Gesetzen, welche in der Folge in einem der genannten Staaten eingeführt werden."

Nach dem in dieser Bestimmung allegirten Art. 80 der zwischen dem Nordd. Bunde und den Großherzogthümern Baden und Hessen

Gleichberechtigung der Bundesangehörigen.

§ 1. Jeder Norddeutsche ist in jedem Bundesstaate in Bezug:

a) auf die Art und das Maaß der im Falle der Hülfsbedürftigkeit zu gewährenden öffentlichen Unterstützung,

b) auf den Erwerb und Verlust des Unterstützungswohnsitzes

als Inländer zu behandeln.

Die Bestimmungen im § 7 des Gesetzes über die Freizügigkeit vom 1. November 1867 (B. G. Bl. S. 55.) sind auf Norddeutsche ferner nicht anwendbar.

Hülfsbedürftigkeit: „Dem Staat kommt es zu, für die Ernährung und Verpflegung derjenigen Bürger zu sorgen, die sich ihren Unterhalt nicht selbst verschaffen und denselben auch von anderen Privatpersonen, welche nach besonderen Gesetzen dazu verpflichtet sind, nicht erhalten können." Preuß. Allg. Landrecht § 1. II. 19.

Umfang der Unterstützungspflicht s. Preuß. G. v. 8. 3. 71. § 1. u. d. Anm. zu demselben.

Alimentationspflicht der Eheleute, Eltern und Kinder s. Preuß. G. v. 8. 3. 71. §§ 65—68, 74 Nr. 2 u. 5a. u. d. Anm.

Ueb. Verpflicht. d. Aerzte zur unentgeltl. Behandl. Armer: Cirk. Verf. d. Preuß. Min. d. geistl. rc. A. u. d. Inn. v. 10. 4. 21 (Annalen S. 411). Kreisphysiker als solche haben keine besondere

---

vereinbarten Verfassung des Deutschen Bundes (B. G. Bl. 1870 S. 647) ist das Gesetz über den Unterstützungswohnsitz vom 6. Juni 1870 in Hessen, südlich des Main, vom 1. Juli 1871 an als Bundesgesetz eingeführt.

Zufolge Gesetzes vom 8. November 1871 (Reichsgesetzbl. 1871 S. 391) tritt jenes Gesetz im Königreich Württemberg und im Großherzogthum Baden am 1. Januar 1873 als Reichsgesetz in Kraft.

In Bayern ist dasselbe nicht eingeführt. Vgl. den Vertrag v. 23. Nov. 1870 Nr. III. § 8. (B. G. Bl. 1871 S. 21).

Verpflichtung: Cirk. Verf. v. 30. 6. 32 (Annalen S. 484). Ansprüche der Aerzte an die Gemeinden für die Behandlung Armer sind zum Rechtswege zu verweisen: Min. Verf. v. 23. 4. 47 (Verw. M. Bl. S. 168).

Ueb. d. öff. Unterstütz. hülfsbedürftiger Ausländer s. § 60 dieses Gesetzes, ferner §. 64. des Preuß. G. v. 8. 3. 71 u. d. Anm.

Organe der öffentlichen Unterstützung Hülfsbedürftiger.

§ 2. Die öffentliche Unterstützung hülfsbedürftiger Norddeutscher wird, nach näherer Vorschrift dieses Gesetzes, durch Orts-Armenverbände und durch Land-Armenverbände geübt.

Orts-Armenverbände.

§ 3. Orts-Armenverbände können aus einer oder mehreren Gemeinden und, wo die Gutsbezirke außerhalb der Gemeinden stehen, aus einem oder mehreren Gutsbezirken, beziehungsweise aus Gemeinden und Gutsbezirken zusammengesetzt sein. Alle zu einem Orts-Armenverbande vereinigten Gemeinden und Gutsbezirke gelten in Ansehung der durch dieses Gesetz geregelten Verhältnisse als eine Einheit.

§ 4. Wo räumlich abgegrenzte Orts-Armenverbände noch nicht bestehen, sind dieselben bis zum 1. Juli 1871 einzurichten. Bis zum gleichen Termin muß jedes Grundstück, welches noch zu keinem Orts-Armenverbande gehört, entweder einem angrenzenden Orts-Armenverbande nach Anhörung der Betheiligten durch die zuständige Behörde (§ 8) zugeschlagen, oder selbstständig als Orts-Armenverband eingerichtet werden.

Unter dem Ausdrucke „jedes Grundstück“ sind auch unbewohnte

Grundstücke verstanden. Es darf kein Gebietstheil existiren, der nicht einem bestimmten Orts-Armenverbande angehört.

Land-Armenverbände.

§ 5. Die öffentliche Unterstützung hülfsbedürftiger Norddeutscher, welche endgültig zu tragen kein Orts-Armenverband verpflichtet ist (der Land-Armen), liegt den Land-Armenverbänden ob. Zur Erfüllung dieser Obliegenheit hat jeder Bundesstaat bis zum 1. Juli 1871 entweder unmittelbar die Funktionen des Land-Armenverbandes zu übernehmen, oder besondere, räumlich abgegrenzte Land-Armenverbände, wo solche noch nicht bestehen, einzurichten.

Dieselben umfassen der Regel nach eine Mehrheit von Orts-Armenbänden, können sich aber ausnahmsweise auf den Bezirk eines einzigen Orts-Armenverbandes beschränken.

Die Regel ist, daß die subsidiäre Verpflichtung den über das gesammte Reichsgebiet einzurichtenden Land-Armenverbänden obliegt. Den einzelnen Staaten ist jedoch die Freiheit gewahrt, unmittelbar als Land-Armenverbände zu fungiren.

Mit Ausnahme von Preußen, Hessen, Mecklenburg-Strelitz, Oldenburg, Sachsen-Coburg-Gotha und Waldeck haben alle Staaten die Funktionen des Land-Armenverbandes unmittelbar übernommen oder aus der Gesammtheit der Gemeinden ꝛc. einen Landarmen-Verband gebildet. Die Vertretung steht zu: in Anhalt der Land-Armen-Direktion, in Braunschweig dem Finanz-Ministerium, in Lauenburg der Ritterschaft und Landschaft, in Mecklenburg-Schwerin der Kommission des Landarbeitshauses zu Güstrow, in Schwarzburg-Sondershausen einer zu bestellenden Kommission, in Reuß ält. L. dem Landarmenverbands-Direktor, in Reuß j. L. der Deput. f. d. Heimathwesen, in Sachsen-Weimar einer zu bestellendeu Kommission, in Schaumburg-Lippe der Regierung. — Ueb. d. Bildung d. Land-Armenverbände in Preußen s. §§ 26 ff. G. v. 8. 3. 71; in Hessen wird der Land-Armenverband durch die Kreise, vertreten durch eine Kommission des Bezirksraths gebildet, in Mecklenburg-Strelitz fungirt f. den Kreis Stargard die Central-Steuerdirektion zu Neu-Brandenburg, für das Fürstenthum Ratzeburg der ständische Ausschuß, in Oldenburg die Amtsverbände, vertreten durch den Amtsvorstand, in Sachsen-Coburg-Gotha besonders zu bestellende Kommissionen, in Waldeck die Kreise, vertreten durch die Kreis-Armen-Direktionen.

§ 6. Armenverbände, deren Mitgliedschaft an ein bestimmtes Glaubensbekenntniß geknüpft ist, gelten nicht als Armenverbände im Sinne des Gesetzes.

Das Gesetz kennt nur örtlich abgegrenzte Armenverbände.

§ 7. Die Orts- und Land-Armenverbände stehen in Bezug auf die Verfolgung ihrer Rechte einander gleich. Hat ein Bundesstaat unmittelbar die Funktionen des Land-Armenverbandes übernommen (§ 5), so steht er in allen durch dieses Gesetz geregelten Verhältnissen den Land-Armenverbänden gleich.

Die für einzelne Zweige oder einzelne Fälle der öffentlichen Armenpflege eingerichteten Verbände sind den öffentlichen Unterstützungs-Organen nicht gleichgestellt.

§ 8. Die Landesgesetze bestimmen über die Zusammensetzung und Einrichtung der Orts-Armenverbände und Land-Armenverbände, über die Art und das Maaß der im Falle der Hülfsbedürftigkeit zu gewährenden öffentlichen Unterstützung, über die Beschaffung der erforderlichen Mittel, darüber, in welchen Fällen und in welcher Weise den Orts-Armenverbänden von den Land-Armenverbänden oder von anderen Stellen eine Beihülfe zu gewähren ist, und endlich darüber, ob und inwiefern sich die Land-Armenverbände der Orts-Armenverbände als ihrer Organe behufs der öffentlichen Unterstützung Hülfsbedürftiger bedienen dürfen.

Vergl. §§ 2—30 u. 36 des Preuß. Ges. v. 8. 3. 71 nebst der Anmerk.

Ein Zwang für die Landesgesetzgebungen, die subsidiäre Verpflichtung der Landarmen-Verbände gegenüber den Orts-Armenverbänden über die Vorschriften dieser Gesetzes hinaus zu erstrecken, ist durch den § nicht beabsichtigt.

Erwerb des Unterstützungswohnsitzes.

§ 9. Der Unterstützungswohnsitz wird erworben durch:

a. Aufenthalt,

b. Verehelichung,

c. Abstammung.

Unter „Abstammung" sind auch die übrigen Titel begriffen, welche wie die Geburt das Rechtsverhältniß der Kindschaft begründen: Adoption, Legitimation, Arrogation.

Erwerb des Unterstützungswohnsitzes durch Aufenthalt.

§ 10. Wer innerhalb eines Orts-Armenverbandes nach zurückgelegtem vierundzwanzigsten Lebensjahre zwei Jahre lang ununterbrochen seinen gewöhnlichen Aufenthalt gehabt hat, erwirbt dadurch in demselben den Unterstützungswohnsitz.

Bis zu dem in diesem § bestimmten selbständigen Erwerb eines Unterstützungs-Wohnsitzes dauert der auf Abstammung begründete Unterstützungs-Wohnsitz fort, falls nicht der Fall des Verlustes (§§ 22 ff.) eintritt.

Die Regel des § gilt nur für Deutsche. Wegen der Ausländer vergl. § 60.

Anmeldung, Zahlung von Steuern 2c. sind nicht Voraussetzung des Erwerbs des Unterstütz.-Wohnsitzes; der Aufenthalt allein entscheidet.

Das Eintreten der in diesem § an den Ablauf der Frist geknüpften Wirkungen kann durch Vertrag oder Verzicht nicht ausgeschlossen werden. § 64.

§ 11. Die zweijährige Frist läuft von dem Tage, an welchem der Aufenthalt begonnen ist.

Durch den Eintritt in eine Kranken-, Bewahr-, oder Heil-Anstalt wird jedoch der Aufenthalt nicht begonnen.

Wo für ländliches oder städtisches Gesinde, Arbeitsleute, Wirthschaftsbeamte, Pächter oder andere Miethsleute der Wechsel des Wohnortes zu bestimmten, durch Gesetz oder ortsübliches Herkommen festgesetzten Terminen stattfindet, gilt der übliche Umzugstermin als Anfang des Aufenthaltes, sofern nicht zwischem diesem Termine und dem Tage, an welchem der Aufenthalt wirklich beginnt, ein mehr als siebentägiger Zeitraum gelegen hat.

Nur der Beginn des Aufenthalts ist durch den Eintritt in eine der im Absatz 2 bezeichneten Anstalten ausgeschlossen; wenn dagegen Jemand in eine solche Anstalt nach Beginn des Aufenthalts eintritt, so läuft die zweijährige Frist weiter.

Der Absatz 2 bezieht sich auch auf die Fälle des freiwilligen Eintritts in eine Anstalt.

Der Absatz 3 begründet eine gesetzliche Präsumtion (und zwar eine praesumtio juris et de jure); der Umzug soll ohne Zulassung des Gegenbeweises als geschehen gelten, es sei denn, daß die Gegenpartei beweisen kann, es habe ein größerer als siebentägiger Zwischenraum zwischen dem gesetzlichen Termine und dem wirklichen Umzuge gelegen. Ist also z. B. der gesetzliche oder ortsübliche Umzugs-Termin der 2. Oktober, so gilt dieser Tag als Beginn des Aufenthalts, wenn auch ein Dienstbote schon am 30. September oder erst am 5. Oktober eingetroffen wäre; ist dagegen nachzuweisen, daß der Dienstbote schon am 24. September oder erst am 10. Oktober eingetroffen ist, so fällt jene gesetzliche Fiction weg und der thatsächliche Beginn des Aufenthalts wird auch rechtlich maßgebend.

§ 12. Wird der Aufenthalt unter Umständen begonnen, durch welche die Annahme der freien Selbstbestimmung bei der Wahl des Aufenthaltsortes ausgeschlossen wird, so beginnt der Lauf der zweijährigen Frist erst mit dem Tage, an welchem diese Umstände aufgehört haben.

Treten solche Umstände erst nach Beginn des Aufenthaltes ein, so ruht während ihrer Dauer der Lauf der zweijährigen Frist.

§ 13. Als Unterbrechung des Aufenthalts wird eine freiwillige Entfernung nicht angesehen, wenn aus den Umständen, unter welchen sie erfolgt, die Absicht erhellt, den Aufenthalt beizubehalten.

Als ein Umstand, aus welchem die im § bezeichnete Absicht zu entnehmen ist, wird im Zusammenhang mit anderen Momenten die Kürze der Dauer der Entfernung anzusehen sein.

§ 14. Der Lauf der zweijährigen Frist (§ 10) ruht während der Dauer der von einem Armenverbande gewährten öffentlichen Unterstützung.

Er wird unterbrochen durch den von einem Armenverbande auf Grund der Bestimmung im § 5 des Gesetzes über die Freizügigkeit vom 1. November 1867 gestellten Antrag auf Anerkennung der Verpflichtung zur Uebernahme eines Hülfsbedürftigen. Die Unterbrechung erfolgt mit dem Tage, an welchem der also gestellte Antrag an den betreffenden Armenverband oder an die vorgesetzte Behörde eines der betheiligten Armenverbände abgesandt ist.

Die Unterbrechung gilt als nicht erfolgt, wenn der Antrag nicht innerhalb zweier Monate weiter verfolgt oder wenn derselbe erfolglos geblieben ist.

Wenn der Lauf der zweijährigen Frist nur „ruht" (Absatz 1), so werden die unterstützungsfreien Perioden zusammen gerechnet.

Wird derselbe „unterbrochen" (Absatz 2), so kann nach Beseitigung des Hindernisses der Erwerb des Unterstützungswohnsitzes durch Aufenthalt nur in einer neuen zweijährigen Frist, bei welcher der frühere Aufenthalt nicht mitgerechnet wird, erworben werden (vgl. § 10: „ununterbrochen"), es sei denn, daß die Unterbrechung nach Absatz 3 als nicht erfolgt anzusehen wäre.

Erwerb des Unterstützungswohnsitzes durch Verehelichung.

§ 15. Die Ehefrau theilt vom Zeitpunkte der Eheschließung ab den Unterstützungswohnsitz des Mannes.

§ 16. Wittwen und rechtskräftig geschiedene Ehefrauen behalten den bei Auflösung der Ehe gehabten Unterstützungswohnsitz so lange, bis sie denselben nach den Vorschriften der §§ 22 Nr. 2, 23 bis 27 verloren oder einen anderweitigen Unterstützungswohnsitz nach Vorschrift der §§ 9—14 erworben haben.

§ 17. Als selbstständig in Beziehung auf den Erwerb und Verlust des Unterstützungswohnsitzes gilt die Ehefrau auch während der Dauer der Ehe, wenn und so lange der Ehemann sie böslich verlassen hat, ferner wenn und so lange sie während der Dauer der Haft des Ehemannes oder in Folge ausdrücklicher Einwilligung desselben oder kraft der nach den Landesgesetzen ihr zustehenden Befugniß vom Ehemanne getrennt lebt und ohne dessen Beihülfe ihre Ernährung findet.

Erwerb des Unterstützungswohnsitzes durch Abstammung.

§ 18. Eheliche und den ehelichen gesetzlich gleichstehende Kinder theilen, vorbehaltlich der Bestimmung des § 20, den Unterstützungswohnsitz des Vaters so lange, bis sie denselben nach Vorschrift der §§ 22. Nr. 2, 23—27 verloren, oder einen anderweitigen Unterstützungswohnsitz nach Vorschrift der §§ 9—14 erworben haben.

Sie behalten diesen Unterstützungswohnsitz auch nach dem Tode des Vaters bis zu dem vorstehend gedachten Zeitpunkte, vorbehaltlich der Bestimmung des § 19.

§ 19. Wenn die Mutter den Vater überlebt, so theilen nach Auflösung der Ehe durch den Tod des Vaters die ehelichen und den ehelichen gesetzlich gleichstehenden Kinder den Unterstützungswohnsitz der Mutter in dem Umfange des § 18.

Gleiches gilt im Falle des § 17, sofern die Kinder bei der Trennung vom Hausstande des Vaters der Mutter gefolgt sind.

§ 20. Bei der Scheidung der Ehe theilen die ehelichen und den ehelichen gesetzlich gleichstehenden Kinder in dem Umfange des § 18 den Unterstützungswohnsitz der Mutter, wenn dieser die Erziehung der Kinder zusteht.

Die Frage, ob die Scheidung von Tisch und Bett einer Scheidung quoad vinculum gleichstehe, gehört in das Gebiet des Landes-Eherechts.

§ 21. Uneheliche Kinder theilen in dem Umfange des § 18. den Unterstützungswohnsitz der Mutter.

Verlust des Unterstützungswohnsitzes.

§ 22. Der Verlust des Unterstützungswohnsitzes tritt ein durch

1) Erwerbung eines anderweitigen Unterstützungswohnsitzes,

2) zweijährige ununterbrochene Abwesenheit nach zurückgelegtem vierundzwanzigsten Lebensjahre.

Der Verlust des Unterstützungswohnsitzes erfolgt auch durch Verehelichung (vgl. § 15). Bei der Verheirathung mit einem Manne, welcher selbst keinen Unterstützungswohnsitz hat, wird auch die Frau zu den Landarmen zu rechnen sein.

Das Eintreten der in diesem § an die Frist geknüpften Wirkung kann durch Vertrag oder Verzicht nicht ausgeschlossen werden. § 64.

§ 23. Die zweijährige Frist läuft von dem Tage, an welchem die Abwesenheit begonnen hat.

Durch den Eintritt in eine Kranken-, Bewahr- oder Heil-Anstalt wird jedoch die Abwesenheit nicht begonnen.

Wo für ländliches oder städtisches Gesinde, Arbeitsleute, Wirthschaftsbeamte, Pächter oder andere Miethsleute der Wechsel des Wohnortes zu bestimmten, durch Gesetz oder ortsübliches Herkommen festgesetzten Terminen stattfindet, gilt der übliche Umzugstermin als Anfang der Abwesenheit, sofern nicht zwischen diesem Termine und dem Tage, an welchem die Abwesenheit wirklich beginnt, ein mehr als siebentägiger Zeitraum gelegen hat.

§ 24. Ist die Abwesenheit durch Umstände veranlaßt, durch welche die Annahme der freien Selbstbestimmung bei der Wahl des Aufenthaltsortes ausgeschlossen wird, so beginnt der Lauf der zweijährigen Frist erst mit dem Tage, an welchem diese Umstände aufgehört haben.

Treten solche Umstände erst nach dem Beginn der Abwesenheit ein, so ruht während ihrer Dauer der Lauf der zweijährigen Frist.

§ 25. Als Unterbrechung der Abwesenheit wird die Rückkehr nicht angesehen, wenn aus den Umständen, unter welchen sie erfolgt, die Absicht erhellt, den Aufenthalt nicht dauernd fortzusetzen.

Ob und inwieweit das Aufsuchen eines Arbeitsverdienstes oder Nahrungserwerbes innerhalb des Unterstützungswohnsitzes als ein Umstand anzusehen sei, aus welchem die Absicht erhellt, dorthin wiederum den Schwerpunkt der wirthschaftlichen Thätigkeit zurück zu verlegen, ist nach der Sachlage des einzelnen Falles zu entscheiden.

§ 26. Die Anstellung oder Versetzung eines Geistlichen, Lehrers, öffentlichen oder Privat-Beamten, so wie einer nicht blos zur Erfüllung der Militairpflicht im Bundesheere oder in der Bundes-Kriegsmarine dienenden Militairperson gilt nicht als ein die freie Selbstbestimmung bei der Wahl des Aufenthaltsortes ausschließender Umstand.

§ 27. Der Lauf der zweijährigen Frist (§ 22) ruht während der Dauer der von einem Armenverbande gewährten öffentlichen Unterstützung.

Er wird unterbrochen durch den von einem Armenverbande auf Grund der Bestimmung im § 5. des Gesetzes über die Freizügigkeit vom 1. November 1867 gestellten Antrag auf Anerkennung der Verpflichtung zur Uebernahme eines Hülfsbedürftigen. Die Unterbrechung erfolgt mit dem Tage, an welchem der also gestellte Antrag an den betreffenden Armenverband oder an die vorgesetzte Behörde eines der betheiligten Armenverbände abgesandt ist.

Die Unterbrechung gilt als nicht erfolgt, wenn der Antrag nicht innerhalb zweier Monate weiter verfolgt, oder wenn derselbe erfolglos geblieben ist.

Eine Verlängerung der in dem § gegebenen Frist durch Bewilligung der Armenverbände (Ausstellung eines Orts-Heimathsscheines) ist unwirksam. Der Unterstützungs-Wohnsitz ist nicht von Willens-Akten der Gemeinden, sondern von dem thatsächlichen Aufenthalt abhängig. Vgl. § 64.

Pflichten und Rechte der Armenverbände.

§ 28. Jeder hülfsbedürftige Norddeutsche muß vorläufig von demjenigen Orts-Armenverbande unterstützt werden, in dessen Bezirk er sich bei dem Eintritte der Hülfsbedürftigkeit befindet. Die vorläufige Unterstützung erfolgt vorbehaltlich des Anspruches auf Erstattung der Kosten, beziehungsweise auf Uebernahme des Hülfsbedürftigen gegen den hierzu verpflichteten Armenverband.

Vgl. §§ 31—34 des Preuß. G. v. 8. 3. 71.

Die Entscheidung der Frage, ob durch die Leistung der öffentlichen Unterstützung zwischen dem Leistenden und dem Unterstützten eine civilrechtliche Obligation entstehe (so daß jede Unterstützung nur als ein von dem Unterstützten oder den Alimentationspflichtigen zu erstattender Vorschuß anzusehen sei), gehört in das Civilrecht und ist nicht Gegenstand dieses Gesetzes. Vgl. § 61 dieses G.

§ 29. Wenn Personen, welche im Gesindedienst stehen, Gesellen, Gewerbegehülfen, Lehrlinge an dem Orte ihres Dienstverhältnisses erkranken, so hat der Orts-Armenverband des Dienstortes die Verpflichtung, den Erkrankten die erforderliche Kur und Verpflegung zu gewähren. Ein Anspruch auf Erstattung der entstehenden Kur- und Verpflegungskosten, beziehungsweise auf Uebernahme des Hülfsbedürftigen gegen einen anderen Armenverband erwächst nur, wenn die Krankenpflege länger als sechs Wochen fortgesetzt wurde, und nur für den über diese Frist hinausgehenden Zeitraum.

Dem zur Unterstützung an sich verpflichteten Armenverbande muß spätestens sieben Tage vor Ablauf des sechswöchentlichen Zeitraums Nachricht von der Erkrankung gegeben werden, widrigenfalls die Erstattung der Kosten erst von dem, sieben Tage nach dem Eingange der Nachricht beginnenden Zeitraum an gefordert werden kann.

Schwangerschaft an sich ist nicht als eine Krankheit im Sinne der vorstehenden Bestimmung anzusehen.

Die Unterstützungspflicht besteht unbeschadet der Verpflichtungen der Dienstherrschaft.

Nur die Krankenpflege am Orte des Dienstverhältnisses, nicht während der Dauer desselben an einem anderen Orte fällt dem Armen-Verbande des Dienst-Ortes zur Last.

Die Verpflichtung bezieht sich nur auf die Kur- und Verpflegungskosten für den Erkrankten, nicht auf die Hülfeleistung für dessen arbeitsunfähige Angehörige.

§ 30. Zur Erstattung der durch die Unterstützung eines hülfsbedürftigen Norddeutschen erwachsenen Kosten, soweit dieselben nicht in Gemäßheit des § 29. dem Orts-Armenverbande des Dienstortes zur Last fallen, sind verpflichtet:

a) wenn der Unterstützte einen Unterstützungswohnsitz hat, der Orts-Armenverband seines Unterstützungswohnsitzes;

b) wenn der Unterstützte keinen Unterstützungswohnsitz hat, derjenige Land-Armenverband, in dessen Bezirk er sich bei dem Eintritte der Hülfsbedürftigkeit befand oder, falls er im hülfsbedürftigen Zustande aus einer Straf-, Kranken-, Bewahr- oder Heil-Anstalt entlassen wurde, derjenige Land-Armenverband, aus welchem seine Einlieferung in die Anstalt erfolgt ist.

Die Höhe der zu erstattenden Kosten richtet sich nach

den am Orte der stattgehabten Unterstützung über das Maaß der öffentlichen Unterstützung Hülfsbedürftiger geltenden Grundsätzen, ohne daß dabei die allgemeinen Verwaltungskosten der Armen-Anstalten sowie besondere Gebühren für die Hülfeleistung fest remunerirter Armenärzte in Ansatz gebracht werden dürfen.

Für solche bei der öffentlichen Unterstützung häufiger vorkommenden Aufwendungen, deren täglicher oder wöchentlicher Betrag sich in Pauschquanten feststellen läßt (z. B. Verpflegungssätze in Kranken- oder Armenhäusern), kann in jedem Bundesstaate, entweder für das ganze Staatsgebiet gleichmäßig, oder bezirksweise verschieden, ein Tarif aufgestellt und öffentlich bekannt gemacht werden, dessen Sätze die Erstattungsforderung nicht übersteigen darf.

Die Erstattungspflicht ist von einer Säumniß des betreffenden Armen-Verbandes bei der Uebernahme des Hülfsbedürftigen nicht abhängig.

Für Preußen s. unten § 35 d. G. v. 8. 3. 71. und den Tarif vom 21. August 1871.

§ 31. Der nach der Vorschrift des § 30. zur Kostenerstattung verpflichtete Armenverband ist zur Uebernahme eines hülfsbedürftigen Norddeutschen verpflichtet, wenn die Unterstützung aus anderen Gründen als wegen einer nur vorübergehenden Arbeitsunfähigkeit nothwendig geworden ist (§ 5 des Gesetzes über die Freizügigkeit vom 1. November 1867., Bundesgesetzbl. S. 55).

§ 32. Der zur Uebernahme eines hülfsbedürftigen Norddeutschen verpflichtete Armenverband kann — soweit nicht auf Grund der §§ 55. und 56. etwas Anderes festgestellt worden ist — die Ueberführung desselben in seine unmittelbare Fürsorge verlangen.

Die Kosten der Ueberführung hat der verpflichtete Armenverband zu tragen.

Beantragt hiernach der zur Uebernahme eines Hülfsbedürftigen verpflichtete Armenverband dessen Ueberführung, und diese unterbleibt oder verzögert sich durch die Schuld des Armenverbandes, welcher zur vorläufigen Unterstützung desselben verpflichtet ist, so verwirkt der letztere dadurch für die Folgezeit, beziehungsweise für die Zeit der Verzögerung, den Anspruch auf Erstattung der Kosten.

§ 33. Muß ein Norddeutscher, welcher keinen Unterstützungswohnsitz hat, auf Verlangen ausländischer Staatsbehörden aus dem Auslande übernommen werden, und ist bei der Uebernahme der Fall der Hülfsbedürftigkeit vorhanden, oder tritt derselbe innerhalb sieben Tagen nach erfolgter Uebernahme ein, so liegt die Verpflichtung zur Erstattung der Kosten der Unterstützung, beziehungsweise zur Uebernahme des Hülfsbedürftigen, demjenigen Bundesstaate ob, innerhalb dessen der Hülfsbedürftige seinen letzten Unterstützungswohnsitz gehabt hat, mit der Maaßgabe, daß es jedem Bundesstaate überlassen bleibt, im Wege der Landesgesetzgebung diese Verpflichtung auf seine Armenverbände zu übertragen.

Vgl. § 37 des Preuß. G. v. 8. 3. 71.

Voraussetzung des § ist, daß die Uebernahme kraft völkerrechtlicher Verpflichtung, auf Grund besonderer Staatsverträge oder völkerrechtlicher Gewohnheit, erfolgt sei.

Verfahren in Streitsachen der Armenverbände.

Einleitung.

§ 34. Muß ein Orts-Armenverband einen hülfsbedürftigen Norddeutschen, welcher innerhalb desselben seinen

Unterstützungswohnsitz nicht hat, unterstützen, so hat der Orts-Armenverband zunächst eine vollständige Vernehmung des Unterstützten über seine Heimaths-, Familien- und Aufenthalts-Verhältnisse zu bewirken, und sodann den Anspruch auf Erstattung der aufgewendeten beziehungsweise aufzuwendenden Kosten bei Vermeidung des Verlustes dieses Anspruchs binnen sechs Monaten nach begonnener Unterstützung bei dem vermeintlich verpflichteten Armenverbande mit der Anfrage anzumelden, ob der Anspruch anerkannt wird.

Ist der verpflichtete Armenverband nicht zu ermitteln, so hat die Anmeldung behufs Wahrung des erhobenen Erstattungs-Anspruchs innerhalb der oben normirten Frist von sechs Monaten bei der zuständigen vorgesetzten Behörde des betheiligten Armenverbandes zu erfolgen.

Ist nach der Ansicht des unterstützenden Orts-Armenverbandes der Fall dazu angethan, dem Unterstützten die Fortsetzung des Aufenthalts nach § 5 des Gesetzes über die Freizügigkeit vom 1. November 1867. (Bundesgesetzbl. S. 55 ff.) zu versagen, und will der Orts-Armenverband von der bezüglichen Befugniß Gebrauch machen, so ist dies in der Benachrichtigung ausdrücklich zu bemerken.

Die Frist des § bezieht sich nur auf die Verjährung des Erstattungs-Anspruches; die Versäumung derselben hat nicht den Verlust der Rückweisungs-Befugniß für alle Zeiten zur Folge. Diese dauert fort, so lange ihre Voraussetzungen vorhanden sind. —

Die schließliche Entscheidung, bei welcher Behörde die Anmeldung zu erfolgen hat, steht der zur Entscheidung in der Sache selbst berufenen Behörde zu; wenn jedoch ein Armenverband es für richtig erachtet, die Anmeldung nicht der Deput. f. d. Heimathwesen, sondern der Bezirks-Regierung zu erstatten, so hat letztere sich der

Entgegennahme der Anmeldung zu unterziehen. R. d. Preuß. Min. d. Inn. v. 25. Okt. 1871 (Preuß. Verw. Min. Bl. S. 306).

§ 35. Geht auf die erlassene Anzeige innerhalb vierzehn Tagen nach dem Empfange derselben eine zustimmende Antwort des in Anspruch genommenen Armenverbandes nicht ein, so gilt dies einer Ablehnung des Anspruchs gleich.

§ 36. Jeder Armenverband ist berechtigt, seine Ansprüche gegen einen anderen Armenverband auf dem durch dieses Gesetz bezeichneten Wege selbstständig und unmittelbar vor den zur Entscheidung, sowie zur Vollstreckung derselben berufenen Behörden zu verfolgen.

§ 37. Streitigkeiten zwischen verschiedenen Armenverbänden über die öffentliche Unterstützung Hülfsbedürftiger werden, wenn die streitenden Theile einem und demselben Bundesstaate angehören, auf dem durch die Landesgesetze vorgeschriebenen Wege entschieden.

Gehören die streitenden Armenverbände verschiedenen Bundesstaaten an, so finden die nachfolgenden Vorschriften der §§ 38—51 dieses Gesetzes Anwendung.

Vgl. § 52 dieses Gesetzes.

Zur Entscheidung in erster Instanz sind eingesetzt: in Anhalt die Deput. f. d. Heimathwesen in Dessau, in Braunschweig die Deput. f. Heimathsachen zu Braunschweig, in Bremen und Hamburg die Senats-Kommission für Angelegenheiten der Armenverbände, in Hessen der Administrativ-Justizhof zu Darmstadt, in Lauenburg die Deput. f. d. Heimathwesen zu Ratzeburg, in Lippe-Detmold die Regierung, in Lübeck die Senats-Komm. f. Angelegenh. der Armenverbände, in Mecklenburg-Schwerin die Komm. f. d. Heimathwesen zu Schwerin, in Mecklenburg-Strelitz (u. Ratzeburg) die Komm. f. d. Heimathwesen zu Neu-Strelitz, in Oldenburg das Amt, resp. die Regierung und das Depart. des Inn. des Staats-Ministerii, in Preußen die Ostpreuß.

Deput. f. d. Heimathwesen zu Königsberg, die Westpreußische zu Marienwerder, die Brandenburgische zu Berlin, die Pommersche zu Stettin, die Posensche zu Posen, die Schlesische zu Breslau, die Sächsische zu Merseburg, die Schleswig-Holsteinsche zu Schleswig, die Hannoversche zu Hannover, die Westphälische zu Münster, die Hessische zu Kassel, die Nassauische zu Wiesbaden, die Rheinische zu Köln und die Hohenzollernsche zu Sigmaringen, in Reuß ä. L. das Landrathsamt, in Reuß j. L. die Deputat. f. d. Heimathwesen zu Gera, im Königreich Sachsen das Gerichtsamt, resp. der Stadtrath und (gegen den Land-Armenverband) die Kreisdirektion, in Sachsen-Altenburg die Kreishauptmannschaft, in Sachsen-Meiningen das Verwalt.-Amt, welchem die in Anspruch genommene Gemeinde unterstellt ist, resp. wenn eine Stadtgemeinde in Anspruch genommen ist: die Abth. des Innern des Staats-Ministeriums, in Sachsen-Koburg-Gotha die Deput. f. d. Heimathwesen zu Koburg u. zu Gotha, in Sachsen-Weimar der Bezirks-Ausschuß, in Schaumburg-Lippe die Deput. f. d. Heimathwesen zu Bückeburg, in Schwarzburg-Rudolstadt die Deput. f. d. Heimathwesen zu Rudolstadt, in Schwarzburg-Sondershausen das Minist., Abth. des Innern, resp. der Landrath, in Waldeck die Komm. f. d. Heimathwesen zu Waldeck. —

Entscheidung.

§ 38. Lehnt ein Armenverband den gegen ihn erhobenen Anspruch auf Erstattung der Kosten oder auf Uebernahme eines Hülfsbedürftigen ab, so wird auf Antrag desjenigen Armenverbandes, welcher die öffentliche Unterstützung vorläufig zu gewähren genöthigt ist, über den erhobenen Anspruch im Verwaltungswege durch diejenige Spruchbehörde entschieden, welche dem in Anspruch genommenen Armenverbande vorgesetzt ist.

Die Zuständigkeit, den Instanzenzug, sowie das Verfahren regelt innerhalb jeden Bundesstaates, vorbehaltlich der Vorschriften dieses Gesetzes, die Landesgesetzgebung.

Vgl. §§ 40—58 des Preuß. G. v. 8. 3. 71.

§ 39. Die zur Entscheidung zuständigen Landes-Behörden sind befugt, Untersuchungen an Ort und Stelle zu veranlassen, Zeugen und Sachverständige zu laden und eidlich zu vernehmen, überhaupt den angetretenen Beweis in vollem Umfange zu erheben.

Vgl. §§ 49—51 des Preuß. G. v. 8. 3. 71.

§ 40. Die Entscheidung erfolgt durch schriftlichen, mit Gründen versehenen Beschluß; sofern dabei für den in Anspruch genommenen Armenverband eine Verpflichtung zur Uebernahme eines Hülfsbedürftigen (§ 31) begründet ist, muß dies in dem Beschlusse ausdrücklich ausgesprochen werden.

Vgl. §§ 52—56 u. 58 des Preuß. G. v. 8. 3. 71.

§ 41. Soweit die Organisation oder örtliche Abgrenzung der einzelnen Armenverbände Gegenstand des Streites ist, bewendet es endgültig bei der Entscheidung der höchsten landesgesetzlichen Instanz. Im Uebrigen findet gegen deren Entscheidung nur die Berufung an das Bundesamt für das Heimathswesen statt.

Vgl. § 57 des Preuß. G. v. 8. 3. 71.

In denjenigen Staaten, in denen das Bundesamt f. d. Heimathwesen als höchste Instanz auch für Streitsachen der dem betr. Staate angehörigen Armenverbände bestimmt ist (s. zu § 52) sind die Behörden erster Instanz zugleich die „höchste landesgesetzliche Instanz."

In den übrigen Staaten sind folgende Behörden zur Entscheidung in zweiter Instanz kompetent: in Bremen und Hamburg der Senat, in Lippe-Detmold die Regierung (resp. das Bundesamt), in Mecklenburg-Schwerin das Staats-Ministerium, in Mecklenburg-Strelitz das Staats-Ministerium, in Oldenburg das Staats-Ministerium, in Reuß ält. L. die Landes-Regierung, im Königr. Sachsen das Ministerium des Innern, in Sachsen-Weimar das Staats-Minist., Depart. des Innern, in Schaumburg-Lippe die Regierung (resp. das Bundesamt), in

Schwarzburg-Sondershausen das Gesammt-Ministerium, resp. das Ministerium, Abth. des Innern.

Bundesamt für das Heimathswesen.

§ 42. Das Bundesamt für das Heimathswesen ist eine ständige und kollegiale Behörde, welche ihren Sitz in Berlin hat.

Es besteht aus einem Vorsitzenden und mindestens vier Mitgliedern. Der Vorsitzende, sowie die letzteren werden auf Vorschlag des Bundesrathes vom Bundes-Präsidium auf Lebenszeit ernannt. Der Vorsitzende sowohl, als auch mindestens die Hälfte der Mitglieder muß die Qualifikation zum höheren Richteramte im Staate ihrer Angehörigkeit besitzen.

§ 43. Bezüglich der Rechtsverhältnisse der Mitglieder des Bundesamtes gelten bis zum Erlaß besonderer bundesgesetzlicher Vorschriften die Bestimmungen der §§ 23 bis 26 des Gesetzes, betr. die Errichtung eines obersten Gerichtshofes für Handelssachen, vom 12. Juni 1869 mit der Maaßgabe, daß

1) an Stelle des Plenum des Oberhandelsgerichts das Plenum des Bundesamtes tritt, und daß im Falle des § 25. a. a. O. die Verrichtungen des Staatsanwalts und des Untersuchungsrichters von je einem Mitgliede des Königlich Preußischen Kammergerichts zu Berlin, welches der Bundeskanzler ernennt, wahrgenommen werden,

2) bezüglich der Höhe der Pensionen die Vorschriften in Anwendung kommen, welche darüber in demjenigen Bundesstaate gelten, aus dessen Dienste das Mitglied des Bundesamtes berufen ist.

§ 44. Zur Abfassung einer gültigen Entscheidung des Bundesamtes gehört die Anwesenheit von mindestens drei Mitgliedern, von denen mindestens Eines die im § 42. vorgeschriebene richterliche Qualifikation haben muß.

Die Zahl der Mitglieder, welche bei der Fassung eines Beschlusses eine entscheidende Stimme führen, muß in allen Fällen eine ungerade sein. Ist die Zahl der bei der Erledigung einer Sache mitwirkenden Mitglieder eine gerade, so führt dasjenige Mitglied, welches zuletzt ernannt ist, und bei gleichem Dienstalter dasjenige, welches der Geburt nach das jüngere ist, nur eine berathende Stimme.

§ 45. Der Geschäftsgang bei dem Bundesamte wird durch ein Regulativ geordnet, welches das Bundesamt zu entwerfen und dem Bundesrathe zur Bestätigung einzureichen hat.

In dem Geschäfts-Regulative sind insbesondere auch die Befugnisse des Vorsitzenden festzustellen.

§ 46. Die Berufung an das Bundesamt ist bei Verlust des Rechtsmittels binnen vierzehn Tagen, von der Behändigung der angefochtenen Entscheidung an gerechnet, bei derjenigen Behörde, gegen deren Entscheidung sie gerichtet ist, schriftlich anzumelden.

Die Angabe der Beschwerden, sowie die Rechtfertigung der Berufung kann entweder zugleich mit der Anmeldung der letzteren oder innerhalb vier Wochen nach diesem Termine derselben Behörde eingereicht werden.

Von sämmtlichen Schriftsätzen, sowie von den etwaigen Anlagen derselben sind Duplikate beizufügen.

§ 47. Die eingegangenen Duplikate werden von der

zuständigen Behörde der Gegenpartei zur schriftlichen, binnen vier Wochen nach der Behändigung in zwei Exemplaren einzureichenden Gegenerklärung zugefertigt.

§ 48. Nach Ablauf dieser Frist legt die nämliche Behörde die sämmtlichen Verhandlungen nebst ihren Akten dem Bundesamte vor.

§ 49. Erachtet das Bundesamt vor Fällung der Entscheidung noch eine Aufklärung über das Sach- und Rechtsverhältniß für nöthig, so ist dieselbe unter Vermittelung der zuständigen Landesbehörde vorzunehmen.

§ 50. Die Entscheidung des Bundesamtes erfolgt gebührenfrei in öffentlicher Sitzung nach erfolgter Ladung und Anhörung der Parteien.

Das Erkenntniß wird schriftlich, mit Gründen versehen, den Parteien durch Vermittelung derjenigen Behörde (§ 46) zugefertigt, gegen deren Beschluß es ergangen ist.

§ 51. Gegen die Entscheidung des Bundesamtes ist ein weiteres Rechtsmittel nicht zulässig.

Aus § 51 in Verbindung mit §§ 38, 41 folgt, daß der Rechtsweg ausgeschlossen ist.

§ 52. Bis zu anderweitiger, von Bundeswegen erfolgender Regelung der Kompetenz des Bundesamtes für das Heimathswesen kann durch die Landesgesetzgebung eines Bundesstaates bestimmt werden, daß die Vorschriften der §§ 38. bis 51., 56. Absatz 2. dieses Gesetzes für die Streitsachen zwischen Armenverbänden des betreffenden Bundesstaates in Wirksamkeit treten sollen.

Das Bundesamt für das Heimathwesen ist als höchste Instanz für die Streitfälle zwischen Armenverbänden eines und desselben Bundesstaates eingesetzt in: Anhalt, Braunschweig, Hessen, Lauenburg, Lübeck, Preußen, Reuß j. L., Sachsen-Altenburg, Sachsen-Koburg-Gotha, Schwarzburg-Rudolstadt und Waldeck.

Exekution der Entscheidung.

§ 53. In den Streitsachen über die durch dieses Gesetz geregelte öffentliche Unterstützung Hülfsbedürftiger ist die Entscheidung der ersten Instanz, ausgenommen in dem Falle des § 57, sofort vollstreckbar.

Im Uebrigen findet die Exekution statt:

a) auf Grund und in den Grenzen eines von dem in Anspruch genommenen Armenverbande ausgestellten Anerkenntnisses (§ 55);

b) auf Grund der endgültigen Entscheidung.

Die Vollstreckung der Exekution liegt der zur Entscheidung in erster Instanz zuständigen Behörde des verpflichteten Armen-Verbandes ob, und ist bei derselben unter Beifügung der bezüglichen Urkunden zu beantragen.

§ 54. Wird die bereits vollstreckte Entscheidung der ersten landesgesetzlichen Instanz durch endgültige Entscheidungen höherer Landesinstanzen oder in Gemäßheit der §§ 38.—51. dieses Gesetzes wieder aufgehoben, so hat die zur Entscheidung in erster Instanz zuständige Behörde desjenigen Armen-Verbandes, welcher die Vollstreckung der Exekution erwirkt hatte, die erforderlichen Anordnungen zu treffen, um die Exekution und deren Folgen wieder rückgängig zu machen.

§ 55. Den zur vorläufigen Unterstützung (§ 28) und beziehungsweise zur Uebernahme (§ 31) eines Hülfsbedürftigen verpflichteten Armenverbänden ist es unbenommen, die thatsächliche Vollstreckung der Ausweisung (§ 5 des Gesetzes über die Freizügigkeit vom 1. November 1867) durch eine unter sich zu treffende Einigung über das Verbleiben der auszuweisenden Person oder Familie in ihrem bisherigen Aufenthaltsorte gegen Gewährung eines bestimmten Unterstützungsbetrages von Seiten des letztgedachten Armenverbandes, dauernd oder zeitweilig auszuschließen.

Die erstinstanzlichen Behörden (§§ 38, 39, 40) sind verpflichtet, auf Anrufen eines oder des anderen Betheiligten, Zwecks thunlicher Herstellung einer solchen Einigung, vermittelnd einzuschreiten.

Ist die Einigung urkundlich in Form eines Anerkenntnisses festgestellt, so findet auf Grund derselben die administrative Exekution statt (§ 53).

§ 56. Wenn mit der Ausweisung Gefahr für Leben oder Gesundheit des Auszuweisenden oder seiner Angehörigen verbunden sein würde, oder wenn die Ursache der Erwerbs- oder Arbeitsunfähigkeit des Auszuweisenden durch eine im Bundeskriegsdienste oder bei Gelegenheit einer That persönlicher Selbstaufopferung erlittene Verwundung oder Krankheit herbeigeführt ist, oder endlich, wenn sonst die Wegweisung vom Aufenthaltsorte mit erheblichen Härten oder Nachtheilen für den Auszuweisenden verbunden sein sollte, kann auch bei nicht erreichter Einigung das Verbleiben der auszuweisenden Person oder Familie in dem Aufenthaltsorte, gegen Festsetzung eines von dem verpflichteten Armenverbande zu zahlenden Unterstützungs-Betrages, durch die zur Entscheidung in erster Instanz zuständige Behörde des Orts-Armenverbandes des Aufenthaltsortes angeordnet werden.

Gegen diese Anordnung, welche, wenn die Voraussetzungen fortfallen, unter welchen sie erlassen ist, jederzeit zurückgenommen werden kann, steht innerhalb vierzehn Tagen nach der Zustellung beiden Theilen die Berufung zu. Dieselbe erfolgt, wenn die streitenden Armenverbände einem und demselben Bundesstaate angehören, an die nächst höchste landesgesetzliche Instanz, sofern die streitenden Theile verschiedenen Bundesstaaten angehören, an das Bundesamt für das Heimathswesen. Bei der hierauf ergehenden Entscheidung bewendet es endgültig.

Dasselbe findet statt, wenn der Antrag des verpflichteten Armenverbandes auf Erlaß einer solchen Anordnung zurückgewiesen ist.

Vgl. § 59 des Preuß. G. v. 8. 3. 71.

Ueber den Begriff der „höchsten landesgesetzl. Instanz" s. zu § 41.

§ 57. So lange das Verfahren, betreffend den Versuch einer Einigung nach § 55., oder betreffend den Erlaß der im § 56. bezeichneten Anordnung, schwebt, bleibt die Vollstreckbarkeit der Entscheidung erster Instanz ausgesetzt (§ 53).

§ 58. Ist die Ausweisung durch Transport zu bewerkstelligen, so fallen die Transportkosten als ein Theil der zu erstattenden Kosten der Unterstützung des Hülfsbedürftigen dem hierzu verpflichteten Armenverbande zur Last.

Entsteht über die Nothwendigkeit des Transports oder die Art der Ausführung desselben Streit, so erfolgt die Entscheidung hierüber endgültig durch die in erster Instanz in der Hauptsache zuständige Behörde des Armenverbandes des Aufenthaltsortes (§ 38. Abs. 2).

§ 59. Ist ein Armenverband zur Zahlung der ihm endgültig auferlegten Kosten, laut Bescheinigung der ihm vorgesetzten Behörde, ganz oder theilweise außer Stande, so hat der Bundesstaat, welchem er angehört, entweder mittelbar oder unmittelbar für die Erstattung zu sorgen.

Vgl. § 59 des Preuß. G. v. 8. 3. 71.

Oeffentliche Unterstützung hülfsbedürftiger Ausländer.

§ 60. Ausländer müssen vorläufig von demjenigen Orts-Armenverbande unterstützt werden, in dessen Bezirke sie sich bei dem Eintritte der Hülfsbedürftigkeit befinden. Zur Erstattung der Kosten beziehungsweise zur Uebernahme des hülfsbedürftigen Ausländers ist derjenige Bundesstaat verpflichtet, welchem der Orts-Armenverband der vorläufigen Unterstützung angehört, mit der Maaßgabe, daß es jedem Bundesstaate überlassen bleibt, im Wege der Landesgesetzgebung diese Verpflichtung auf seine Armenverbände zu übertragen.

Vgl § 64 des Preuß. G. v. 8. 3. 71.

Verhältniß der Armenverbände zu einander und zu anderweit Verpflichteten.

§ 61. Durch die Bestimmungen dieses Gesetzes werden Rechte und Verbindlichkeiten nur zwischen den zur Gewährung öffentlicher Unterstützung nach Vorschrift dieses Gesetzes verpflichteten Verbänden (Orts-, Land-Armenverbände, Bundesstaaten) begründet.

Daher werden die auf anderen Titeln (Familien- und Dienstverhältniß, Vertrag, Genossenschaft, Stiftung u. s. w.) beruhenden Verpflichtungen, einen Hülfsbedürftigen zu unterstützen, von den Bestimmungen dieses Gesetzes nicht betroffen.

Vgl. § 65 ff. d. Preuß. G. v. 8. 3. 71.

Das Recht, Alimentations-Verpflichtete im Verwaltungswege zur Erfüllung ihrer Pflicht anzuhalten, wird, wo es gesetzlich besteht, durch die Vorschriften des vorliegenden Gesetzes nicht alterirt.

§ 62. Jeder Armenverband, welcher nach Vorschrift dieses Gesetzes einen Hülfsbedürftigen unterstützt hat, ist befugt, Ersatz derjenigen Leistungen, zu deren Gewährung ein Dritter aus anderen, als den durch dieses Gesetz begründeten Titeln verpflichtet ist, von dem Verpflichteten in demselben Maaße und unter denselben Voraussetzungen zu fordern, als dem Unterstützten auf jene Leistungen ein Recht zusteht.

Der Einwand, daß der unterstützende Armenverband den Ersatz von einem anderen Armenverbande zu fordern berechtigt sei, darf demselben hierbei nicht entgegengestellt werden.

Der Einwand, es bedürfe der Unterstützung nicht, da sie bereits thatsächlich gewährt sei, kann dem klagenden Armenverbande nicht entgegengesetzt werden.

Kraft der gesetzlichen Cession kann der Armenverband nur Ersatz des wirklich Geleisteten fordern, nicht etwa über dieses Maaß hinaus Alles, was der anderweit Verpflichtete würde haben gewähren müssen (z. B. standesmäßigen Unterhalt).

Verhältniß der Armenverbände zu den Behörden.

§ 63. Die Verwaltungs- und Polizei-Behörden sind verpflichtet, innerhalb ihres Geschäftskreises den Armenverbänden Behufs der Ermittelung der Heimaths-, Familien- und Aufenthalts-Verhältnisse eines Hülfsbedürftigen auf Verlangen behülflich zu sein.

§ 64. Das Eintreten der in den §§ 10. und 22. an den Ablauf einer bestimmten Frist geknüpften Wirkungen kann durch Vertrag oder Verzicht der betheiligten Behörden oder Personen nicht ausgeschlossen werden.

Zeitpunkt der Geltung des Gesetzes und Uebergangsbestimmungen.

§ 65.*) Dieses Gesetz tritt mit dem 1. Juli 1871 in Kraft. Nach diesem Tage finden die bis dahin innerhalb des Bundesgebietes gültigen Vorschriften über die durch das gegenwärtige Gesetz geregelten Rechtsverhältnisse nur insoweit noch Anwendung, als es sich um die Feststellung des Unterstützungswohnsitzes für die Zeit vor dem 1. Juli 1871 handelte.

Insbesondere kommen hierbei folgende Bestimmungen zur Anwendung:

1. Diejenigen Norddeutschen, welche am 30. Juni 1871 innerhalb des Bundesgebietes ein Heimathsrecht besitzen, haben kraft desselben am 1. Juli 1871 den Unterstützungswohnsitz in demjenigen Orts-Armenverbande, welchem ihr Heimathsort angehört.

2. Diejenigen Norddeutschen, welche am 30. Juni 1871 innerhalb des Bundesgebietes einen Unterstützungswohnsitz haben, besitzen denselben am 1. Juli 1871 mit den Folgen und Maaßgaben dieses Gesetzes, gleichviel ob die Voraussetzungen des Erwerbes andere waren, als die durch dieses Gesetz vorgeschriebenen.

*) An Stelle der im § 65 getroffenen Zeitbestimmungen des 1. Juli 1871 und 30. Juni 1871 treten für Württemberg und Baden der 1. Januar 1873 und der 31. Dezember 1872. § 2 des G. v. 8. Nov. 1871 (Reichs-G.-Bl. 1871 S. 391).

3. Wo und insoweit bisher ein Heimathsrecht oder Unterstützungswohnsitz durch bloßen Aufenthalt nicht erworben, durch bloße Abwesenheit nicht verloren werden konnte, beginnt der Lauf der durch dieses Gesetz vorgeschriebenen zweijährigen Frist für den Erwerb beziehungsweise Verlust des Unterstützungswohnsitzes mit dem 1. Juli 1871.

4. Wo bisher für den Erwerb beziehungsweise Verlust des Unterstützungswohnsitzes die nämliche oder eine längere, als die durch dieses Gesetz vorgeschriebene Frist galt, kommt bei Berechnung der letzteren die vor dem 1. Juli 1871 abgelaufene Zeitdauer in Ansatz.

5. Wo bisher für den Erwerb beziehungsweise Verlust des Unterstützungswohnsitzes eine kürzere, als die durch dieses Gesetz vorgeschriebene Frist bestand, gilt, sofern die kürzere Frist vor dem 1. Juli 1871 abgelaufen war, die Wirkung des Ablaufs als eingetreten, auch wenn die Entscheidung hierüber erst nach dem 1. Juli 1871 erfolgt. War die kürzere Frist vor dem 1. Juli 1871 noch nicht abgelaufen, so bedarf es zum Eintritt der durch dieses Gesetz vorgeschriebenen Wirkungen des Ablaufs der durch dieses Gesetz vorgeschriebenen Frist, jedoch unter Anrechnung der vor dem 1. Juli 1871 abgelaufenen Zeitdauer.

6. Das durch dieses Gesetz für die Entscheidung der Streitsachen über die öffentliche Unterstützung Hülfsbedürftiger vorgeschriebene Verfahren kommt nach Maaßgabe der Vorschrift des § 37. zur Anwendung bei denjenigen Streitsachen der Armen-Verbände (Armen-Kom-

munen, Armen=Bezirke, Heimaths=Bezirke), welche nach dem 30. Juni 1871 anhängig gemacht werden.

Vgl. § 69 des Preuß. G. v. 8. 3. 71.

Die Nr. 3 des zweiten Absatzes findet keine Anwendung, wo der bloße Aufenthalt, selbst mit den längsten Fristen, die Unterstützungspflicht begründet; er tritt dagegen überall in Kraft, wo u. insoweit mit dem Aufenthalt eine Qualifikation verbunden sein muß, [illegible] ihn nach gewisser Zeitdauer den Unterstützungs=Wohnsitz begründen zu lassen. Innerhalb dieser Grenzen will das Gesetz den Verbänden, welchen bisher eine Unterstützungslast durch den bloßen Aufenthalt nicht erwachsen konnte, den Uebergang zu dem neuen Rechtszustande dadurch vermitteln, daß der die Unterstützungspflicht herbeiführende Aufenthalt für sie erst mit dem Tage der Gesetzeskraft zu laufen beginnt.

Diejenigen Personen, welche nach Nr. 3 vor dem 1. Juli 1873 in den Gebieten des Heimaths=Systems keinen Unterstützungswohnsitz erwerben, den bisherigen aber in den Gebieten des Aufenthalts=Systems verlieren, fallen dem Land=Armenverbande des Aufenthaltsortes zur Last.

Die Nummern 4 u. 5 gelten nur da, wo es sich um Fristen eines solchen Aufenthaltsorts und einer solchen Abwesenheit handelt, welche ohne jede Qualifikation zum Erwerb resp. Verlust des Unterstützungs=Wohnsitzes führen.

Urkundlich unter Unserer Höchsteigenhändigen Unterschrift und beigedrucktem Bundes=Insiegel.

Gegeben Schloß Babelsberg, den 6. Juni 1870.

(L. S.) **Wilhelm.**

Gr. v. Bismarck=Schönhausen.

II.

Verzeichniß der sämmtlichen Ausführungs-Gesetze.

1. Preußen: Gesetz vom 8. März 1871 (Ges. S. 130) Lauenburg s. Nr. 23.
2. Königreich Sachsen: Verordnung vom 6. Juni 1871 (Ges. Bl. S. 82.)
3. Mecklenburg-Schwerin: Ges. v. 20. Febr. u. 30. Juni 1871 (Reg. Bl. S. 187, 323.)
4. Sachsen-Weimar-Eisenach: Verordn. v. 20. Juni 1871 (Reg. Bl. S. 121.)
5. Mecklenburg-Strelitz: V. v. 20. Febr. u. 4. Juli 1871 (Offiz. Anz. S. 171, 215), für Rastenburg: 27. Apr. u. 4. Juli 1871 (Offiz. Anz. S. 139, 169.)
6. Oldenburg: Ges. v. 27. Juli 1870 (G. Bl. S. 508) u. v. 26. Juni 1871 (Verordn. Samml. S. 393.)
7. Hessen und bei Rhein: V. v. 14. Juli 1871 (Reg.-Bl. Nr. 24.)
8. Braunschweig und Lüneburg: Ges. v. 5. Juni 1871 (Ges.-S. S. 249.)
9. Sachsen-Meiningen u. -Hildburghausen: V. v. 1. Juni 1871 (Regier.-Amtsbl.)
10. Sachsen-Altenburg: V. v. 3. Juni 1871 (G. S. S. 69.)
11. Sachsen-Koburg u. Gotha: G. v. 31. Mai 1871 (G. S. S. 13.)

12. Anhalt: G. v. 29. Juni 1871 (G. S. S. 1755.)
13. Schwarzburg=Rudolstadt: G. v. 23. Juni 1871 (G. S. S. 6[illegible].)
14. Schnarzburg=Sondershausen: G. v. 12. Juni 1871 (G. S. S. 55.)
15. Waldeck und Pyrmont: G. v. 29. Juni 1871 (Reg.=Bl. S. 39.)
16. Reuß, ält. Linie: G. v. 25. Jan. 1871 (G. S. S. 40.)
17. Reuß, j. Linie: G. v. 21. Juni 1871 (G. S. S. 355.)
18. Schaumburg=Lippe: G. v. 30. Juni 1871 (Landes=Verordnungen S. 139.)
19. Lipe (Detmold): V. v. 12. Juli 1871 (G. S. S. 565.)
20. Lübck: Verord. u. Ges. v. 29. März 1871 (Samml. Nr. 14, 15.)
21. Brmen: V. u. G. v. 2. Jan. 1871 (Verordn. Bl. S. 5.)
22. Haiburg: V. v. 23. Juni 1871 (G. S. Nr. 29.)
23. Laimburg: G. v. 24. Juni 1871 (Offiz. Wochenbl. S. 32.)

III.

Das Preußische Ausführungs-Gesetz nebst der Instruktion und Ergänzungen.

a.

Einleitung.*)

Das Gesetz vom 8. März 1871, betreffend die Ausführung des Reichsgesetzes über den Unterstützungswohnsitz (vom 6. Juni 1870) hat den Anlaß zu umfassenden Neu-Organisationen geboten.

Es war eine Hauptaufgabe des Gesetzes vom 8. März 1871, die durch das Reichsgesetz als Norm hingestellten Prinzipien über die Organisation der Armenverbände so weit es bisher noch nicht der Fall war, fortan im gesammten Gebiete der Monarchie zur Geltung zu bringen resp. in diesem gesammten Gebiete einen, jenen Grundsätzen entsprechenden Zustand herzustellen.

Demgemäß stellt das Gesetz vom 8. März 1871 in dem Abschnitt von den Orts-Armenverbänden (§ 2 flgd.) die im weiteren Verlaufe in detaillirten Vorschriften durchgeführten Sätze an die Spitze,

1) daß jede Gemeinde (oder jeder Gutsbezirk, § 7) für sich einen Orts-Armenverband bildet, sofern sie nicht einem (mehrere Gemeinden oder Gutsbezirke umfassenden)

---

*) Deutscher Reichs-Anzeiger und Preußischer Staats-Anzeiger vom 18. November 1871. Vgl. die Einleitung S. 1—

einheitlichen Orts-Armenverbande (Gesammt-Armenverbande) schon angehört oder nach den folgenden Bestimmungen einzuverleiben ist,

2) daß die Verwaltung der öffentlichen Armenpflege in den Gemeindebezirken überall den für die Verwaltung der Gemeinde-Angelegenheiten durch die Gemeinde-Verfassungsgesetze angeordneten Gemeindebehörden zustehen soll.

Das Gesetz trifft sodann nähere Bestimmung bezüglich der Umwandlung der diesen Grundsätzen nicht entsprechenden Orts-Armenverbände und Armen-Verwaltungsbehörden; es regelt endlich (in dem gedachten Abschnitte) die Verfassung der Gesammt-Armenverbände.

Der Grundsatz, daß die örtliche Armenpflege den Gemeinden (den Gutsbezirken) als solchen obliege, daß folglich jede Gemeinde (oder ein zu diesem Zwecke eingerichteter Verband von Gemeinden rc.) einen Orts-Armenverband bilde und daß dem entsprechend auch jedes Grundstück einer Gemeinde oder einem Gutsbezirke angehören oder aber für sich einen Gutsbezirk mit den Verpflichtungen einer Gemeinde bilden müsse — hat schon vor Erlaß des Reichsgesetzes über den Unterstützungswohnsitz in dem bei weitem größten Theile der Monarchie, und nur mit den sofort zu erwähnenden Ausnahmen bestanden.

In der Provinz Schleswig-Holstein, in Ostfriesland und in Neu-Vorpommern war bisher die öffentliche Armenpflege eine Last besonderer, neben den Gemeinden stehenden Korporationen (Armen-Kommunen, Kirchspiels-Armenverbände rc.), — Korporationen, deren Bezirke überdies mit den Bezirken der Gemeinden und Gutsbezirke keineswegs immer coincidirten, sondern diese letzteren im Gegentheil vielfach durchkreuzten. In der gesammten Provinz Hannover bestanden außerdem besondere jüdische Orts-Armenverbände. Nach dem Ausführungsgesetze vom 8. März 1871 § 16 flgd. soll die Umwandlung aller der eben gedachten, dem Reichsgesetze nicht entsprechenden Orts-Armenverbände in kommunale, alle Konfessionen umfassende Verbände, so wie die in Folge dessen nothwendig werdende Vermögens-Auseinandersetzung, vorbehaltlich des Rechtsweges in den dazu geeigneten Fällen — durch Kommissionen bewirkt werden, bestehend aus einem von dem Ober-Präsidenten zu ernennenden Vorsitzenden und aus zwei oder vier weiteren, gemäß Beschluß der Provinzialvertretung zu wählenden Mitgliedern. Diese Kommissionen sind überall bestellt und die Aufmerksamkeit ist dahin gerichtet, daß ihrem, in vielen Fällen allerdings ziemlich verwickelten Geschäft jede thunliche Beschleunigung zu Theil werde.

Nach den Bestimmungen der im ehemaligen Kurfürstenthum Hessen geltenden Gemeinde-Ordnung vom 23. October 1834 können eines Theils größere Besitzungen, insofern bei ihnen die Erfordernisse einer tüchtigen Ortsverwaltung vorhanden sind, den Gemeinden rücksichtlich der örtlichen Verwaltung gleichgestellt werden. Es können aber andererseits auch die zu einer solchen Gleichstellung nicht geeigneten Grundstücke mit Einschluß der Domänen und Rittergüter 2c., welche bisher nicht in der Gemarkung einer Gemeinde begriffen waren, trotzdem außerhalb des Gemeindeverbandes belassen werden, — in der Weise, daß nur die örtliche Verwaltung auf solchen Grundstücken einem benachbarten Gemeindevorstande übertragen wird. In Folge dieser Bestimmungen existiren im ehemaligen Kurfürstenthum Hessen noch zahlreiche Grundstücke, welche zu einem Orts-Armenverbande im Sinne des Reichsgesetzes über den Unterstützungswohnsitz nicht gehören. Nachdem eine genaue Ermittelung dieser Grundstücke und der bei ihnen obwaltenden Verhältnisse stattgefunden hat, erfolgt deren Einverleibung in die betreffenden Gemeinde-Bezirke, insoweit sie nicht als geeignet zur Gleichstellung mit den Gemeinden betrachtet werden können, in welchem letzteren Falle auf sie die von den Guts-Bezirken handelnden Vorschriften des Reichsgesetzes und des Ausführungsgesetzes vom 8. März 1871 zur Anwendung kommen.

Auch der Grundsatz, daß die Verwaltung der öffentlichen Armenpflege in den Gemeindebezirken überall den, für die Verwaltung der Gemeinde-Angelegenheiten durch die Gemeinde-Verfassungsgesetze angeordneten Gemeinde-Behörden zustehe, war bisher schon im Gebiete der Monarchie meistentheils in Geltung, — abgesehen von denjenigen Landestheilen, in denen bisher, dem oben Bemerkten gemäß, die Verwaltung der öffentlichen Armenpflege überhaupt nicht den Gemeinden, sondern besonderen neben den Gemeinden stehenden Korporationen oblag. Nur im Bezirke des Appellations-Gerichtshofes zu Cöln und in einigen anderen Landestheilen, insbesondere hier und da in der Provinz Westfalen, lag bisher die Verwaltung auch der den Gemeinden als solchen obliegenden öffentlichen Armenpflege, sowie die Verwaltung des gesammten Gemeinde-Armenvermögens, auf Grund französischer und sonstiger Spezialgesetze, in den Händen besonderer, sich durch Kooptation ergänzender, nicht immer zweckmäßig komponirter Armen-Kommissionen, Hospitien-Kommissionen 2c. Alle diese besonderen Behörden haben seit dem 1. Juli 1871 zu existiren aufgehört und ihre Funktionen sind auf die ordentlichen Gemeinde-Behörden übergegangen.

Gesammt-Armenverbände (Vereinigungen von Gemeinden resp. Guts-Bezirken, welche zusammen Einen Orts-Armenverband bilden) haben bisher im Gebiete der Monarchie in der Provinz Schlesien, sowie hier und da in der Provinz Hannover und in Neu-Vorpommern bestanden. In der Provinz Schlesien insbesondere bildete, auf Grund des Ediktes vom 14. Dezember 1747, die Vereinigung der Rittergüter und der Gemeinden zu einheitlichen Orts-Armenverbänden die gesetzliche Regel. Nach den Bestimmungen des Gesetzes vom 8. März 1871 sollen alle bereits bestehenden Gesammt-Armenverbände aufrecht erhalten bleiben resp. nur mit Genehmigung der Bezirks-Regierung aufgelöst werden können. Die Bildung neuer Gesammt-Armenverbände überläßt das Gesetz der Regel nach der freien Entschließung der Betheiligten. Nur hinsichtlich derjenigen nach den Vorschriften des Bundesgesetzes ohnehin umzubildenden Armen-Kommunen 2c., welche bisher thatsächlich schon mehrere ganze Gemeinde- oder Gutsbezirke umfaßt haben, bestimmt es, daß dieselben als Gesammt=Armenverbände eingerichtet werden sollen.

Die Verfassung der Gesammt=Armenverbände soll nach dem Gesetze vom 8. März 1871 überall, nach Analogie der Bestimmungen der Gemeinde=Verfassungsgesetze, durch Ortsstatuten geregelt werden, welche letzteren, in Ermangelung einer Vereinbarung der Betheiligten, von dem Kreistage festzustellen sind, und welche in allen Fällen der Bestätigung der Bezirks=Regierung unterliegen.

Für die hierauf bezüglichen Ausführungsarbeiten, bei denen sich allerdings nicht selten erhebliche Zweifel bezüglich der Art der Behandlung des einzelnen Falles erheben, ist den Provinzialbehörden als Anhaltpunkt ein Normal=Statut zugefertigt worden, um eine schleunigere Beendigung des Organisationswerkes und — gleichwohl unter Berücksichtigung der örtlichen Verschiedenheiten — eine möglichst gleichartige und zweckmäßige Behandlung des Gegenstandes zu erzielen. Nicht minder ist den gedachten Behörden Anregung gegeben worden, überall da, wo es die Umstände räthlich erscheinen lassen möchten, auf die Vereinigung der vielfach vorkommenden, zum Theil sehr kleinen Gemeinden zu prästationsfähigeren Orts=Armenverbänden thunlichst hinzuwirken.

Die Land=Armenverbände anlangend, so waren in den acht älteren Provinzen der Monarchie, dem Systeme der dort geltenden Gesetzgebung zufolge, Land=Armenverbände schon vor dem Erlasse des Gesetzes vom 8. März 1871 überall eingerichtet. Den dort bisher schon bestehenden sind nach § 26 des alleg. Gesetzes hinzugetreten die Land=Armenverbände: 1) der Provinz Schleswig=Holstein,

2) der Provinz Hannover, 3) des kommunalständischen Verbandes des Regierungsbezirks Kassel, 4) des kommunalständischen Verbandes des Regierungsbezirks Wiesbaden mit Ausnahme des Stadtkreises Frankfurt a. M., 5) des Stadtkreises Frankfurt a. M., 6) des Regierungsbezirks Sigmaringen, während für das Jadegebiet die Funktionen des Land-Armenverbandes vom Staate übernommen worden sind.

Hinsichtlich der in den acht älteren Provinzen schon bestehenden Land-Armenverbände schien es, nach Erlaß des Gesetzes vom 8. März 1871 indizirt, der schon seit einiger Zeit ins Auge gefaßten Frage näher zu treten, ob die Grenzen dieser Land-Armenverbände überall als zweckmäßig gezogene betrachtet werden können. Diese Grenzen fielen bisher vielfach mit den Grenzen der Regierungsbezirke zusammen. Es schien das Richtige, die Bezirke der qu. Land-Armenverbände statt dessen, so weit es die Verhältnisse zulassen, so zu gestalten, daß sie mit den Grenzen der provinzial- resp. der kommunalständischen Verbände zusammenfallen und auf diese Weise gleichzeitig die Uebertragung der Verwaltung des Land-Armenwesens auf die Organe der gedachten Verbände zu erleichtern. Auf Grund der nach dieser Richtung hin eingeleiteten Verhandlungen haben Se. Majestät der König inzwischen, unter Zustimmung der Provinzialvertretungen, mittelst Allerhöchster Verordnungen vom 16. August und vom 2. Oktober 1871 die mit dem 1. Januar 1872 in's Leben tretende Vereinigung folgender Land-Armenverbände zu größeren Land-Armenverbänden auszusprechen geruht, nämlich:

Die Vereinigung der in der Provinz Schlesien bestehenden drei Land-Armenverbände der Regierungsbezirke Breslau, Liegnitz und Oppeln (mit Ausschluß der Stadt Breslau und der Ober-Lausitz) zum Land-Armenverbande des Herzogthums Schlesien und der Grafschaft Glatz,

Die Vereinigung der in der Rheinprovinz bestehenden fünf Land-Armenverbände der Regierungsbezirke Aachen, Cöln, Coblenz, Düsseldorf, Trier zum Land-Armenverbande der Rheinprovinz,

die Vereinigung der in der Provinz Sachsen außer dem Land-Armenverbande der Altmark noch bestehenden fünf Land-Armenverbände zum Land-Armenverbande der Provinz Sachsen.

In Hinsicht auf die Verwaltung des Land-Armenwesens bestimmt der § 28 des Gesetzes vom 8. März 1871,

daß dieselbe in denjenigen Land-Armenverbänden, welche nur aus Einer Gemeinde bestehen, nach den für die Verwaltung der Angelegenheiten der Gemeinden maaßgebenden Vorschriften erfolgen,

in allen anderen Fällen aber durch Königliche Verordnung, soweit es bisher noch nicht geschehen ist, den betreffenden kreis-, bezw. provinzial- und kommunalständischen Verbänden und deren Organen nach Maaßgabe der, für diese Verbände und deren Organe gültigen Verfassungsgesetze übertragen werden soll.

Nur aus Einer Gemeinde bestehen die Land-Armenverbände der Städte Königsberg, Berlin, Potsdam, Frankfurt a. O. und Breslau.

Abgesehen von diesen, lag schon vor Erlaß des Gesetzes vom 8. März 1871 die Verwaltung des Land-Armenwesens in den Händen der betreffenden provinzial-, kommunal- und kreisständischen Verbände:

bei den Land-Armenverbänden der Provinzen Preußen, Brandenburg und Schlesien, bei dem Land-Armenverbande von Neu-Vorpommern und bei demjenigen der Altmark.

Bei den übrigen, in den acht älteren Provinzen bestehenden Land-Armenverbänden lag die Verwaltung des Land-Armenwesens bisher den staatlichen Behörden, zum Theil unter geringer, zum Theil ohne jede Betheiligung der betreffenden Stände ob. Es ist aber inzwischen die Uebertragung jener Verwaltung an die betreffenden ständischen Verbände und an deren Organe erfolgt durch die Allerhöchsten Verordnungen

vom 29. Juni 1871 für den Land-Armenverband von Alt-Pommern, sowie für die Land-Armenverbände des Regierungs-Bezirks Cassel, des Stadtkreises Frankfurt a. M. und der Provinz Posen,

vom 1. August 1871 für den Land-Armenverband der Provinz Hannover,

vom 1. September 1871 für den Land-Armenverband der Provinz Schleswig-Holstein,

vom 4. September 1871 für den Land-Armenverband des kommunalständischen Verbandes des Regierungs-Bezirks Wiesbaden mit Ausschluß des Stadtkreises Frankfurt a. M.

vom 15. September 1871 für den Land-Armenverband der Provinz Westfalen,

vom 2. October 1871 für den Land-Armenverband der Rheinprovinz,

vom 2. October 1871 für den oben erwähnten Land-Armenverband der Provinz Sachsen.

Nur in den Hohenzollernschen Landen, in denen bis jetzt eine ständische Verfassung noch nicht eingerichtet ist, würde es demnächst bis auf Weiteres bei der transitorischen Bestimmung des § 71 des Gesetzes vom 8. März 1871 verbleiben müssen, wonach in den gedachten Landen die Verwaltung des Land-Armenwesens vorläufig von der Regierung zu Sigmaringen geführt werden soll.

Ueber die Rechte und Pflichten, welche die Orts- und Land-Armenverbände gegen einander resp. dem Staate gegenüber zu erfüllen haben, enthält das Gesetz vom 8. März 1871, im Anschlusse an das Reichsgesetz, eine Reihe von Bestimmungen, hinsichtlich deren hier nur das Folgende hervorgehoben werden soll.

Für solche, bei der öffentlichen Unterstützung häufiger vorkommende Aufwendungen, deren täglicher oder wöchentlicher Betrag sich in Pauschquanten festsetzen läßt (z. B. Verpflegung in Kranken- oder Armenhäusern) kann nach § 30 des Reichsgesetzes in jedem Bundesstaate, entweder für das ganze Staatsgebiet gleichmäßig oder bezirksweise verschieden ein Tarif aufgestellt und öffentlich bekannt gemacht werden, dessen Sätze die Erstattungsforderung, welche ein Armenverband gegen einen anderen erhebt, nicht übersteigen darf. Durch § 35 des Gesetzes vom 8. März 1871 ist die Aufstellung der qu. Tarife dem

Minister des Innern nach Anhörung der Provinzial-Vertretung resp. der Kommunal-Landtage übertragen worden.

Nach Anhörung der Provinzial-Vertretungen, die in überwiegender Mehrzahl sich mit dem ihnen vorgelegten Entwurfe einverstanden erklärt haben, so wie nach Anhörung der Bezirks-Regierungen und der Ober-Präsidenten ist demgemäß unterm 21. August 1871 ein Tarif von dem Minister des Innern aufgestellt und durch die Amtsblätter veröffentlicht worden*), nach welchem fortan von allen Armenverbänden, welche sich der vorläufigen Verpflegung eines ihnen nicht angehörenden erkrankten oder sonst arbeitsunfähigen Hülfsbedürftigen haben unterziehen müssen, für jeden Tag der Verpflegung ein bestimmter Pauschalsatz zu liquidiren sein wird, — vorbehaltlich gleichwohl der in besonderen Fällen, z. B. bei ansteckenden Krankheiten, bei schweren Verwundungen rc. rc. vorkommenden außerordentlichen Aufwendungen. Der gedachte Tarif unterscheidet zwischen den im Servistarif (Beilage des Reichsgesetzes, betreffend die Quartierleistung für die bewaffnete Macht während des Friedenszustandes vom 25. Juni 1868) in der dritten bis fünften Klasse und den, in den höheren Klassen des Servistarifs aufgeführten Gemeinden. Diesen letzteren ist ein etwas höherer, ihren Liquidationen zum Grunde zu legender Pauschalsatz bewilligt, im Uebrigen ist der gedachte Tarif für die gesammte Monarchie gleichmäßig gestaltet worden. Es wird mittelst desselben ohne Zweifel eine erhebliche, mit großer Verminderung des Schreibwerks verbundene Vereinfachung

---

*) S. denselben unten.

der Geschäfte herbeigeführt werden, indem es fortan, — sofern nur die Thatsache, daß ein Hülfsbedürftiger während eines bestimmten Zeitraumes vorläufig hat unterstützt werden müssen, überhaupt feststeht — in der Mehrzahl der Fälle keines umständlichen Beweises mehr — unter Beibringung von Belägen, Sachverständigen-Gutachten 2c. — darüber bedürfen wird, daß der liquidirte, oft sehr geringfügige Betrag an Armenpflege- resp. an Kurkosten wirklich verausgabt worden sei und habe verausgabt werden müssen.

In Betreff des Verfahrens in Streitsachen der Armenverbände schreibt das Gesetz vom 8. März 1871 vor, daß

> zur Entscheidung von Streitigkeiten, welche gegen einen preußischen Armenverband von einem anderen deutschen Armenverbande erhoben werden, für jede Provinz oder für einen oder mehrere Regierungs- oder Landdrostei-Bezirke eine Behörde eingesetzt werden soll, welche den Namen Deputation für das Heimathwesen führt und am Hauptorte der Provinz oder am Sitze einer Bezirks-Regierung oder Landdrostei ihren Sitz hat.

Von den Entscheidungen dieser Behörden geht der Rekurs, unter Ausschluß des Rechtsweges, an das Bundesamt für das Heimathwesen; das Verfahren vor denselben ist, ebenso wie vor dem Bundesamte, ein mündliches und öffentliches. Die Deputationen bestehen aus einem richterlichen und einem Verwaltungsbeamten, welche beide Beamte für die Dauer ihres Hauptamtes am Sitze der Deputation von Sr. Majestät dem Könige ernannt werden, und aus ferneren drei, von der Provinzial-Vertretung zu wählenden Mitgliedern. Denselben sind überdies durch das Gesetz vom 8. März 1871 verschiedene sonstige Funktionen in Armenpflegesachen überwiesen worden, welche bisher von den Bezirks-Regierungen wahrzunehmen waren, — so die Entscheidung über die Beschwerden derjenigen, welche die öffentliche Armenpflege in Anspruch nehmen, gegen die Ortsvorstände, — die vorbehaltlich des Rechtsweges erfolgende Entscheidung über die Beschwerden der alimentationspflichtigen Verwandten, welche im Verwaltungswege zur Unterstützung eines Hülfsbedürftigen herangezogen werden ꝛc. ꝛc.

Neben den Deputationen für das Heimathwesen soll nach den Bestimmungen des Gesetzes vom 8. März 1871 in jedem Kreise eine Kommission bestellt werden, bestehend aus dem Landrathe als Vorsitzenden und aus zwei Mitgliedern, welche der Kreistag aus den Angehörigen des Kreises für die Dauer von drei Jahren zu wählen hat. Diese Kommission soll in allen Streitigkeiten, in denen ein Orts-Armenverband von einem anderen preußischen Armenverbande in Anspruch genommen wird, auf Antrag beider streitenden Theile sich der schiedsrichterlichen Entscheidung und auf Antrag eines Theils, welchen dieser stellt, ehe der Streit bei der Deputation anhängig gemacht ist, einem gütlichen Sühneversuche unterziehen.

Auf Grund Allerhöchster Verordnung vom 22. April 1871 sind folgende Deputationen für das Heimathwesen eingesetzt worden: eine Ostpreußische zu Königsberg, eine Westpreußische zu Marienwerder, eine Brandenburgische zu Berlin, eine Pommersche zu Stettin, eine Posensche zu Posen, eine Schlesische zu Breslau, eine Sächsische zu Merseburg, eine Schleswig-Holsteinische zu Schleswig, eine Hannoversche zu Hannover, eine Westphälische zu Münster, eine Hessische zu Kassel, eine Nassauische zu Wiesbaden, eine Rheinische zu Köln, eine Hohenzollernsche zu Sigmaringen.

Auch die oben gedachten Kreis-Kommissionen sind bereits in's Leben getreten.

In der Ausführung des Reichsgesetzes über den Unterstützungswohnsitz ist somit ein wichtiger Zweig der inneren Verwaltung einer durchgreifenden, neuen und einheitlichen Regelung im gesammten Gebiete der Monarchie entgegen geführt werden.

---

b.

Gesetz, betreffend die Ausführung des Bundesgesetzes über den Unterstützungswohnsitz.

Vom 8. März 1871.*)

(Gesetz-Sammlung 1871, S. 130.)

Wir **Wilhelm**, von Gottes Gnaden König von Preußen ꝛc. verordnen zur Ausführung des Bundesgesetzes über den Unterstützungswohnsitz vom 6. Juni 1870 (Bundesgesetzbl. S. 360 ff.) für den gesammten Umfang der

*) Der Inhalt der Motive dieses Gesetzes ist, soweit er für die Erläuterung desselben von Bedeutung ist, in die weiter unten mitgetheilte Instruktion des Ministers des Innern vom 10. April 1871 übergegangen. Auf diese wird daher hier bei den entsprechenden §§ verwiesen.

Monarchie, einschließlich des Jadegebietes, mit Zustimmung beider Häuser des Landtages, was folgt:

Umfang der Unterstützungspflicht.

§ 1. Jedem hülfsbedürftigen Deutschen (§ 69) ist von dem zu seiner Unterstützung verpflichteten Armenverbande Obdach, der unentbehrliche Lebensunterhalt, die erforderliche Pflege in Krankheitsfällen und im Falle seines Ablebens ein angemessenes Begräbniß zu gewähren.

Die Unterstützung kann geeigneten Falles, so lange dieselbe in Anspruch genommen wird, mittelst Unterbringung in einem Armen- oder Krankenhause, sowie mittelst Anweisung der den Kräften des Hülfsbedürftigen entsprechenden Arbeiten außerhalb oder innerhalb eines solchen Hauses gewährt werden.

Gebühren für die einem Unterstützungsbedürftigen geleisteten geistlichen Amtshandlungen sind die Armenverbände zu entrichten nicht verpflichtet.

Instruktion zu § 1.

Organe der öffentlichen Unterstützung Hülfsbedürftiger.

A. Ortsarmen-Verbände.

a. Gemeinden.

§ 2. Jede Gemeinde bildet für sich einen Ortsarmen-Verband, sofern sie nicht einem, mehrere Gemeinden oder Gutsbezirke umfassenden einheitlichen Ortsarmen-Verbande (Gesammt-Armen-Verbande) schon angehört oder nach den folgenden Bestimmungen einzuverleiben ist. Die Verwaltung der öffentlichen Armenpflege steht in den Gemeindebezirken überall den für die Verwaltung der Gemeinde-

Angelegenheiten durch die Gemeinde-Verfassungsgesetze angeordneten Gemeindebehörden zu. Die Bestimmungen der Gemeinde-Verfassungsgesetze über die Verwaltung der Gemeinde-Angelegenheiten, insbesondere die Bestimmungen über die Zuständigkeit des Gemeindevorstandes und der Gemeindevertretung sind überall auch für die Verwaltung der öffentlichen Armenpflege maßgebend.

Die in diesem Gesetze der Gemeindevertretung zugewiesenen Verrichtungen werden da, wo eine gewählte Gemeindevertretung nicht besteht, von der Gemeindeversammlung wahrgenommen.

Instruktion zu §§ 2—6.

S. ferner Verf. d. Min. d. Inn. v. 9. Okt. 1871 unten zu § 9.

§ 3. Auf Grund eines Gemeindebeschlusses können in allen Gemeinden für die Verwaltung der öffentlichen Armenpflege besondere, dem Gemeindevorstand untergeordnete Deputationen aus Mitgliedern des Gemeindevorstandes und der Gemeindevertretung, geeigneten Falles unter Zuziehung anderer Ortseinwohner, gebildet werden. Den Vorsitz in solchen Deputationen führt, sofern nicht die Gemeinde-Verfassungsgesetze über den Vorsitz in Deputationen Anderes bestimmen, der Bürgermeister — in den Landgemeinden der Provinz Westphalen der Amtmann — oder ein dazu von ihm abgeordnetes Mitglied des Gemeindevorstandes. Wo kein Bürgermeister (Amtmann) an der Spitze der Gemeindeverwaltung steht, tritt an seine Stelle der Gemeindevorsteher.

Bei den sonstigen näheren Bestimmungen der Gemeinde-Verfassungsgesetze über die Zusammensetzung und Geschäftsführung besonderer Verwaltungs-Deputationen hat es sein Bewenden; die Wahl der in die letzteren zu entsendenden Mitglieder der Gemeindevertretung und anderen Ortseinwohner steht jedoch fortan überall, soviel den Gegenstand dieses Gesetzes betrifft, der Gemeindevertretung zu.

Ortspfarrer oder deren Stellvertreter, deren Pfarrbezirk über die Grenzen der politischen Gemeinde ihres Wohnorts sich erstreckt, sind hinsichtlich des in der auswärtigen Gemeinde belegenen Kirchspieltheiles den dortigen Ortseinwohnern gleich zu achten.

Instruktion zu §§ 2—6.

§ 4. Jedes zur Theilnahme an den Gemeindewahlen berechtigte Gemeindemitglied ist verpflichtet, eine unbesoldete Stelle in der Gemeinde=Armenverwaltung zu übernehmen und drei Jahre oder die sonst in den Gemeinde=Verfassungsgesetzen vorgeschriebene längere Zeit hindurch fortzuführen. Von dieser Verpflichtung befreien nur folgende Gründe: 1) anhaltende Krankheit; 2) Geschäfte, die eine häufige oder lange dauernde Abwesenheit mit sich bringen; 3) ein Alter von 60 oder mehr Jahren; 4) die Verwaltung eines anderen öffentlichen Amtes; 5) sonstige besondere, eine gültige Entschuldigung begründende Verhältnisse, über deren Vorhandensein, sofern die Gemeinde=Verfassungsgesetze nicht etwas Anderes bestimmen, von der Gemeindevertretung zu beschließen ist.

Wer eine unbesoldete Stelle die gesetzlich vorgeschriebene Zeit hindurch wahrgenommen hat, ist während der nächstfolgenden gleich langen Zeit von der Wahrnehmung einer solchen Stelle befreit.

Instruktion zu §§ 2—6.

§ 5. Wer ohne gesetzlichen Grund die Uebernahme oder fernere Wahrnehmung einer unbesoldeten Stelle in der Gemeinde-Armenverwaltung verweigert oder sich dieser Wahrnehmung entzieht, kann auf drei bis sechs Jahre des Rechts zur Theilnahme an den Gemeindewahlen und zur Wahrnehmung unbesoldeter Stellen verlustig erklärt und um ein Achtel bis ein Viertel stärker zu den direkten Gemeindeabgaben herangezogen werden. Die Beschlußfassung hierüber steht, sofern die Gemeinde-Verfassungsgesetze nicht etwas Anderes bestimmen, der Gemeindevertretung zu; der Beschluß bedarf der Genehmigung der Aufsichtsbehörde.

Instruktion zu §§ 2—6.

§ 6. Die Vorsteher von Korporationen und anderen juristischen Personen sind verpflichtet, den Gemeindebehörden auf deren Erfordern Auskunft über den Betrag der Unterstützungen zu ertheilen, welche einem Hülfsbedürftigen des Gemeindebezirks aus den unter ihrer Verwaltung stehenden, einem Zwecke der Wohlthätigkeit gewidmeten Fonds gewährt werden. Vorsteher, welche diese Auskunft innerhalb einer vierzehntägigen Frist, von Empfang der Seitens der Gemeindebehörden ergangenen Aufforderung an gerechnet, zu ertheilen unterlassen, werden mit einer Geldstrafe bis zu zehn Thaler bestraft.

Instruktion zu §§ 2—6.

b. Gutsbezirke.

§ 7. Den Gemeinden werden, soviel den Gegenstand dieses Gesetzes betrifft, die außerhalb des Gemeindeverbandes stehenden Gutsbezirke gleich geachtet. Die Bestimmungen der Gesetze über die Verwaltung der örtlichen Angelegenheiten in den außerhalb des Gemeindeverbandes stehenden Bezirken sind in den letzteren überall auch für die Verwaltung der öffentlichen Armenpflege maßgebend.

Instruktion zu §§ 7. 8.

Die Verbindung von Parzellen, welche zerstreut umherliegen, zu einem Gutsbezirke resp. Ortsarmenverbande entspricht nicht den Intentionen des Gesetzes. Die zu einem Grundstücks-Komplex gehörigen, aber entfernt von demselben in einer anderen Gemarkung liegenden Absplisse sind dem zunächst geleg. Ortsarmenverbande zuzuweisen. Die Verbind. von Besitzungen, welche verschiedenen Eigenthümern in nicht ungetheilter Gemeinschaft gehören, zu einem Gutsbezirke ist unstatthaft. — Eine Besitzung, die (auch beim Vorhandensein aller sonstigen Bedingungen) als besonderer Orts-Armenverband, resp. Gutsbezirk eingerichtet werden soll, muß für sich und abgesehen von der Vermögenslage des derzeitigen Eigenthümers unzweifelhaft prästationsfähig sein. R. des Min. d. Inn. v. 7. Okt. 1871 (Verw. Min. Bl. S. 292).

§ 8. Die Gutsbesitzer haben in den Gutsbezirken die Kosten der öffentlichen Armenpflege gleich den Gemeinden zu tragen.

Steht der Gutsbezirk nicht ausschließlich im Eigenthum des Gutsbesitzers, so ist auf dessen Antrag ein Statut zu erlassen, welches die Aufbringung der Kosten der öffentlichen Armenpflege in dem Gutsbezirke anderweitig regelt und den mit heranzuziehenden Grundbesitzern oder Einwohnern eine entsprechende Betheiligung bei der Verwaltung der Armenpflege einräumt. Das Statut wird, wenn sich die Betheiligten nicht vereinigen, nach Anhörung derselben durch den Kreistag festgestellt und muß hinsichtlich der Regelung der Beitragspflicht den gesetzlichen Bestimmungen über die Vertheilung der Kommunallasten in den ländlichen Gemeinden folgen. Dasselbe unterliegt der Bestätigung der Bezirksregierung.

Instruktion zu §§ 7. 8.

c. Gesammt-Armenverbände.

§ 9. Die einen einheitlichen Ortsarmenverband (Gesammt-Armenverband) gegenwärtig bereits bildenden Verbände von Gemeinden oder Gutsbezirken bleiben als solche bestehen. Die für die Verwaltung der Angelegenheiten dieser Verbände maßgebenden statutarischen Vorschriften können durch verfassungsmäßigen, von der Bezirksregierung bestätigten Beschluß des betreffenden Verbandes, in Ermangelung eines solchen Beschlusses aber nur gemäß den Vorschriften des § 10, abgeändert werden.

Instruktion zu §§ 9—15.

Ein Gutsbezirk, dessen Besitzer bisher zu den Armenpflege-Kosten mehrerer Gemeinden ratirliche Beiträge geleistet hat, bildet nicht um deshalb mit jeder dieser Gemeinden einen besond. einheitlichen Orts-Armenverband. — Ein Gesammt-Armenverb. kann nur aus Gemeinden resp. aus Gutsbezirken zusammengesetzt sein. Eine Dominial-Kolonie, welche rechtlich als eine Gemeinde nicht zu betrachten ist, kann nicht mit dem betr. Gutsbezirke resp. mit einer Gemeinde zu einem Gesammt-Armenverb. vereinigt werden; die Einw. einer solchen Kolonie sind vielmehr als Einw. des Gutsbezirks zu betrachten und können zu den auf den Gutsbezirk fallenden Armenpflegekosten nur gemäß § 8 dieses Ges. herangezog. werden. R. d. Min. d. Inn. v. 9. Okt. 1871 (Verw. Min. Bl. S. 293).

§ 10. Soweit die Verfassung der bestehenden Gesammt-Armenverbände nicht durch statutarische Vorschriften geregelt ist, bleibt den betheiligten Gemeinden und Gutsbezirken die Vereinbarung solcher statutarischen Vorschriften, vorbehaltlich der Bestätigung der letzteren durch die Bezirksregierung, überlassen; in Ermangelung einer derartigen Vereinbarung wird die Verfassung des Gesammt-Armenverbandes durch ein nach Anhörung der Betheiligten von dem Kreistage nach Maßgabe der nachfolgenden Bestimmungen zu beschließendes, von der Bezirksregierung zu bestätigendes Statut geregelt.

Es wird für den Gesammt-Armenverband eine besondere, aus Abgeordneten der Gemeinden und Gutsbezirke bestehende Vertretung gebildet. Die Zahl der von den Gemeinden und Gutsbezirken zu entsendenden Abgeordneten, sowie geeigneten Falles die Zahl der dem Abgeordneten eines Gutsbezirkes einzuräumenden Stimmen wird nach dem Verhältniß der von den Gemeinden und Gutsbezirken zu leistenden Beiträge zu den Kosten der gemeinsamen Armenpflege bestimmt, mit der Maßgabe, daß jede Gemeinde und jeder Gutsbezirk wenigstens Einen Abgeordneten zu entsenden hat. Die Abgeordneten der Gemeinden, zu denen jedoch in allen Fällen der Vorsteher der betreffenden Gemeinde gehören muß, werden von der Gemeindevertretung auf drei bis sechs Jahre gewählt. Die Vertretung des Gesammt-Armenverbandes wählt einen Vorsitzenden und einen stellvertretenden Vorsitzenden, in der Regel aus ihrer Mitte. Dem Vorsitzenden kann eine Dienstunkosten-Entschädigung gewährt werden. Die Wahlen erfolgen nach den entsprechenden Vorschriften der Gemeinde-Verfassungsgesetze. In Beziehung auf die Verwaltung der gemeinsamen Armenpflege stehen, nach Maßgabe der Gemeinde-Verfassungsgesetze, der Vertretung des Gesammt-Armenverbandes die Rechte der Gemeinde-Vertretung (Gemeinde-Versammlung), dem Vorsitzenden derselben aber die Rechte des Gemeindevorstehers (Gemeindevorstandes) zu. Die Vertheilung der Kosten der gemeinsamen Armenpflege auf die einzelnen Gemeinde- und Gutsbezirke erfolgt nach Maßgabe der in ihnen aufkommenden Klassen- und Einkommensteuer, der halben Gewerbesteuer, sowie der halben Grund- und Gebäudesteuer. Das Einkommen, welches aus außerhalb belegenem Grundbesitz oder betriebenem Gewerbe fließt, ist außer Berechnung zu lassen.

Das Einkommen, welches die außerhalb des Bezirkes des Gesammt-Armenverbandes wohnenden Personen mit Einschluß der juristischen Personen, der Aktiengesellschaften und Kommanditgesellschaften auf Aktien aus dem innerhalb dieses Bezirkes belegenen Grundbesitz oder betriebenen Gewerbe beziehen, wird hinsichtlich der Klassen- und Einkommensteuer besonders veranlagt.

Den einzelnen Gemeinden bleibt die Aufbringung des auf sie vertheilten Kostenbeitrages nach den Vorschriften der Gemeinde-Verfassungsgesetze überlassen.

Instruktion zu §§ 9—15.

Die Kosten der Armenpflege in den nach §§ 10 u. 16 resp. 12 einzuricht. Gesammt-Armenverb. sind überall mitt. Vertheilung derselb. auf die einzelnen Gemeinden resp. Gutsbezirke, nicht aber mitt. einer direkten Umlage auf die Einwohner des Gesammt-Armenverbandsbezirks aufzubringen. Das Ges. giebt den Vertretungen dieser Verbände nicht die Befugniß, besondere Armensteuern einzuführen und den Umlagemodus selbständig zu regeln. Die Kosten bilden überall einen Theil der Kosten der Gemeindeverwaltung; nur die Vertheilung auf die Gemeinden ist der Vereinbarung überlassen. Erlaß des Min. d. Inn. v. 30. Aug. 1871 (Verw. Min. Bl. S. 250).

§ 11. Die einen einheitlichen Ortsarmenverband gegenwärtig noch nicht bildenden, aus mehreren Gemeinden oder Gutsbezirken zusammengesetzten Kommunalverbände (Bürgermeistereien, Aemter, Sammtgemeinden) können unter Zustimmung des Kreistages in den Formen, welche für die Beschlußfassung über die gemeinschaftlichen Angelegenheiten dieser Verbände vorgeschrieben sind, als Gesammt=Armenverbände eingerichtet werden. Die Bestimmungen der Gesetze über die Verwaltung der gemeinschaftlichen Angelegenheiten der gedachten Kommunalverbände sind alsdann auch für die Verwaltung der gemeinsamen Armenpflege maßgebend.

Instruktion zu §§ 9—15.

§ 12. Gemeinden oder Gutsbezirke, welche einem der in den §§ 9. und 11. gedachten Verbände nicht angehören, können mittelst gegenseitiger Vereinbarung als Gesammt=Armenverbände eingerichtet oder einem bestehenden Gesammt=Armenverbande einverleibt werden. Die Art der Beschlußfassung über die gemeinschaftlichen Angelegenheiten, die Vertretung des Gesammt=Armenverbandes nach außen, die Formen der Verwaltung und die Aufbringungsweise der Kosten der gemeinsamen Armenpflege sind in diesem Falle durch ein von der Bezirksregierung zu bestätigendes Statut zu regeln.

Instruktion zu §§ 9—15.

§ 13. Die Bestimmungen der §§ 3. bis 5., betreffend die Bildung besonderer Deputationen und die Verpflichtung zur Annahme unbesoldeter Stellen, sowie die Bestimmungen des § 6. kommen auch bezüglich der Gesammt=Armenverbände und deren Vertretung zur Anwendung.

Instruktion zu §§ 9—15.

§ 14. Die Wiederauflösung eines Gesammt-Armenverbandes kann nur in den Formen, welche für die Beschlußfassung über die gemeinschaftlichen Angelegenheiten vorgeschrieben sind, und nur mit Genehmigung der Bezirksregierung vorgenommen werden.

Instruktion zu §§ 9—15.

§ 15. Jede Einrichtung und jede Wiederauflösung eines Gesammt-Armenverbandes ist durch das Amtsblatt zur öffentlichen Kenntniß zu bringen.

Instruktion zu §§ 9—15.

d. Umwandelung und räumliche Begrenzung der, dem Bundesgesetze vom 6. Juni 1870 nicht entsprechenden Ortsarmenverbände.

§ 16. Die in einigen Landestheilen bestehenden Ortsarmenverbände (Armenkommunen u. s. w.), welche den Vorschriften des Bundesgesetzes über den Unterstützungswohnsitz vom 6. Juni 1870 nicht entsprechen, werden in Ortsarmenverbände nach Maßgabe jenes Gesetzes umgebildet. Dieselben erhalten ihre räumliche Begrenzung durch Beschluß der in Gemäßheit des § 18. zu bildenden Kommissionen unter Bestätigung der Bezirksregierung nach vorgängiger Anhörung der Betheiligten. Die räumliche Begrenzung geschieht in der Weise, daß diejenigen Verbände, welche schon jetzt mehrere ganze Gemeinden oder Gutsbezirke umfassen, als Gesammt-Armenverbände in Gemäßheit des § 10. des gegenwärtigen Gesetzes einzurichten sind.

Instruktion zu §§ 16—18.

§ 17. Das Vermögen der im § 16. gedachten Ortsarmenverbände (Armenkommunen u. s. w.) geht zur bestimmungsmäßigen Verwendung auf die neu zu bildenden

Ortsarmenverbände über, unter Wahrung aller bestehenden Rechte der Religionsgesellschaften, Stiftungen und sonstigen juristischen Personen und unter Vorbehalt des Rechtsweges für dieselben.

Die Theilnahmerechte der neu zu bildenden Ortsarmenverbände an dem vorgedachten Vermögen bestimmen sich in Ermangelung besonderer Rechtstitel oder einer anderweitigen Vereinbarung der Betheiligten zunächst nach dem Maßstabe, nach welchem die Betheiligten zu diesem Vermögen im Durchschnitt der letzten zehn Jahre beigetragen haben, und wenn ein solcher Maßstab nicht nachweisbar ist, nach der Seelenzahl.

Eine Vertheilung des bisher ungesondert verwalteten Armenvermögens ist nur zulässig, wenn sie nach der von der Bezirksregierung zu treffenden Entscheidung mit den bestimmungsmäßigen Zwecken des Armenvermögens vereinbar ist. Wo die Vertheilung nicht stattfindet, kann eine gemeinschaftliche Verwaltung nach Maßgabe der §§ 10., 12. und 13. eingerichtet werden.

Instruktion zu §§ 16—18.

§ 18. Die zur Ausführung der Vorschriften der §§ 16. und 17. erforderliche Regulirung der Vermögensverhältnisse erfolgt durch Kommissionen, bestehend aus einem von dem Ober-Präsidenten zu ernennenden Vorsitzenden und aus zwei oder vier weiteren, gemäß Beschluß der Provinzialvertretung zu wählenden Mitgliedern. Die Provinzialvertretung beschließt über die Zahl der zu bestellenden Kommissionen. Gegen die Beschlüsse der Kommissionen bleibt den Betheiligten der Rechtsweg vorbehalten.

Instruktion zu §§ 16—18.

Das Amt der Mitgl. der Regul. Komm. ist ein mit einer Remuneration nicht verbundenes Ehrenamt. Sofern die gewählten Mitglieder Erstattung baarer Auslagen in Folge unvermeidlicher Reisen in Anspruch nehmen, wird die Erstattung derjenigen Kreis- 2c. Korporation obliegen, auf deren Vertretung die Wahl der betr. Mitglieder übertragen worden ist. Der Staat hat dazu keine Verpflichtung. R. d. Min. d. Inn. v. 30. Aug. 1871. — Vgl. auch R. v. 17. Okt. 1871 unten zu § 60.

e. Aufzuhebende örtliche Armenbehörden.

§ 19. Es werden diejenigen besonderen Behörden (Armenkommissionen, Hospitienkommissionen, Armenverwaltungen, Pflegschaftsräthe 2c.) hierdurch aufgehoben, welche in einigen Landestheilen, insbesondere im Bezirk des Appellationsgerichtshofes zu Cöln, für die Verwaltung der örtlichen Armenpflege neben den, durch die Gemeinde-Verfassungsgesetze angeordneten Gemeindebehörden bestehen. Auf die letzteren gehen alle, aus Gesetzen, Verordnungen und anderen Titeln entspringenden Rechte und Pflichten der gedachten besonderen Armenbehörden über, insbesondere ist das unter ihrer Verwaltung stehende Vermögen, soweit dasselbe bisher zu bestimmten Stiftungszwecken zu verwenden war, auch fernerhin in gleicher Weise zu verwenden.

Instruktion zu §§ 19—24.

Die Annahme, daß alle, einem Zweige der örtl. Armenpflege unmittelbar oder mittelbar dienenden, unter einem besonderen Vorstande stehenden Hospitäler der Verwalt. dieses Vorstandes entzogen und den Gemeinde-Behörden übergeben werden müßten, ist unrichtig. Der § 19 spricht nur von denjenigen besonderen Behörden, welche in einigen Landestheilen, insbes. im Bez. d. App. G. zu Cöln, für die Verwalt. der örtlichen Armenpflege — und zwar für die Verwaltung in ihrer Gesammtheit — bestehen. Den Stiftungen ist durch § 24 die Fortexistenz unter ihrer bisherigen Verwaltung gesichert. R. d. Min. d. Inn. v. 13. Juli 1871. (Verw. Min. Bl. S. 201.)

§ 20. Soweit bisher, insbesondere im Bezirk des Appellationsgerichtshofes zu Cöln, von den nach § 19. aufzuhebenden besonderen Armenbehörden Armenfonds und Armenanstalten ungesondert verwaltet wurden, welche für die Armenzwecke mehrerer Gemeinden bestimmt sind, kommen die Vorschriften der §§ 21. bis 23. zur Anwendung.

Instruktion zu §§ 19—24.

§ 21. Sind die Armenfonds und Armenanstalten für die Armenzwecke mehrerer Landgemeinden bestimmt, so geht deren Verwaltung auf diejenigen Behörden über, welche nach den Gemeinde-Verfassungsgesetzen für die Verwaltung der gemeinschaftlichen Angelegenheiten der Landgemeinden angeordnet sind. Der Artikel 15. des Gesetzes vom 15. Mai 1856,*) betreffend die Gemeindeverfassung in der Rheinprovinz (Gesetz-Samml. S. 435 ff.), kommt entstehenden Falles mit der Maßgabe zur Anwendung, daß die in dem letzten Satze dieses Artikels erwähnten Rechte des Vorsitzes und der Verwaltung demjenigen

---

*) Art. 15 des G. v. 15. Mai 1856 lautet: Angelegenheiten, bei welchen mehr als eine, aber nicht alle Gemeinden einer Bürgermeisterei betheiligt sind, gehören zum Geschäftskreise des Bürgermeisters und der Bürgermeisterei-Versammlung, jedoch haben die Vertreter der nicht betheiligten Gemeinden nicht mit zu beschließen.

Wenn Gemeinden aus verschiedenen Bürgermeistereien bei einer Angelegenheit betheiligt sind, so erfolgt deren Berathung durch eine aus den Bürgermeisterei-Vertretern der betreffenden Gemeinden gebildete Versammlung.

Der Vorsitz in dieser Versammlung und die Verwaltung solcher Angelegenheiten steht demjenigen Bürgermeister zu, in dessen Bezirke der Gegenstand des gemeinsamen Interesses liegt, und wo dies nicht ausreicht, dem älteren an Dienstjahren.

Bürgermeister zustehen, in dessen Amtsbezirke die betreffende Armenbehörde ihren Sitz gehabt hat.

Instruktion zu §§ 19—24.

§ 22. Sind die Armenfonds und Armenanstalten für die Armenzwecke mehrerer Stadtgemeinden oder für die Armenzwecke von Stadt- und Landgemeinden bestimmt, so geht deren Verwaltung auf die Behörden derjenigen Gemeinde über, in welcher die aufzuhebende Armenbehörde ihren Sitz gehabt hat. In Fällen dieser Art ist den betheiligten Außengemeinden eine Mitwirkung bei der Verwaltung der Armenfonds und Armenanstalten nach Maßgabe der Bestimmungen der §§ 10, 12, 13 einzuräumen.

Instruktion zu §§ 19—24.

§ 23. Die zur Ausführung der Vorschriften der §§ 19. bis 22. erforderliche Regulirung erfolgt nach Maßgabe der Bestimmungen der §§ 17. und 18.

Instruktion zu §§ 19—24.

§ 24. Den Religionsgesellschaften, den Stiftungen und sonstigen juristischen Personen verbleibt in allen Fällen die Verwaltung des ihnen zugehörigen Armenvermögens, insoweit diese Verwaltung gegenwärtig noch nicht auf die gemäß § 19. aufzuhebenden Armenbehörden übergegangen ist. Insoweit den Religionsgesellschaften, den Stiftungen und sonstigen juristischen Personen schon nach den bisherigen Gesetzen ein Anspruch auf Rückgewähr des in die Verwaltung der aufzuhebenden Armenbehörden übergegangenen Vermögens zusteht, bleibt ihnen die Verfolgung desselben im Rechtswege vorbehalten.

Instruktion zu §§ 19—24.

Diejenigen Behörden der Staats-Regierung, denen nach den

Gemeinde-Verfassungs-Gesetzen die Aufsicht über die Gemeinde-Verwaltung zusteht, sind nach wie vor auch als die vorgesetzten Behörden der Gemeinden in deren Eigenschaft als Orts-Armenverbände zu betrachten. Von den Befugnissen der Bezirksregierungen insbesondere sind auf die Deput. f. d. Heimathwesen nur diejenigen übergegangen, hinsichtlich deren dies in dem G. v. 8. März 1871 ausdrücklich vorgeschrieben ist. R. d. Min. d. Inn. v. 25. Okt. 1871 (Verw. Min. Bl. S. 306).

f. Aufsichtsrecht der Staats-Regierung.

§ 25. Der Staatsregierung steht nach Maßgabe der Gemeinde-Verfassungsgesetze die Aufsicht über die Verwaltung der Ortsarmenverbände zu. Sie hat insbesondere auch in den Fällen der §§ 19 ff. darüber zu wachen, daß das Armenvermögen seinen bestimmungsmäßigen Zwecken nicht entfremdet werde.

B. Landarmenverbände.

§ 26. Die bestehenden Landarmenverbände werden in ihren gegenwärtigen Grenzen bis auf Weiteres beibehalten, jedoch wird der Kreis Meisenheim dem Landarmenverbande des Regierungsbezirks Coblenz und die Enklave Kaulsdorf dem Landarmenverbande der vormals Sächsischen Kreise der Regierungsbezirke Merseburg und Erfurt und des Kreises Erfurt zugelegt. Einen besonderen Landarmenverband bilden außerdem 1) die Provinz Schleswig-Holstein, 2) die Provinz Hannover, 3) der kommunalständische Verband des Regierungsbezirks Kassel, 4) der kommunalständische Verband des Regierungsbezirks Wiesbaden mit Ausschluß des Stadtkreises Frankfurt a. M., 5) der Stadtkreis Frankfurt a. M., 6) der Regierungsbezirk Sigmaringen.

Für das Jadegebiet werden die Funktionen des Landarmenverbandes bis auf Weiteres vom Staate übernommen.

Instruktion zu §§ 26—30. — S. ferner zu § 28.

§ 27. Die Grenzen der Landarmenverbände können unter Zustimmung der Betheiligten und, wo für den Bezirk eines Landarmenverbandes eine besondere Vertretung nicht besteht, unter Zustimmung der Provinzialvertretung durch Königliche Verordnung geändert werden. Ohne diese Zustimmung ist eine solche Aenderung nur im Wege der Gesetzgebung zulässig.

Instruktion zu §§ 26—30. — S. ferner zu § 28.

§ 28. Die Verwaltung der Angelegenheiten derjenigen Landarmenverbände, welche nur aus einer Gemeinde bestehen, erfolgt nach den für die Verwaltung der Angelegenheiten der Gemeinden maßgebenden Vorschriften.

In allen anderen Fällen wird die Verwaltung der Angelegenheiten der Landarmenverbände durch Königliche Verordnung, soweit es bisher noch nicht geschehen ist, den betreffenden kreis-, beziehungsweise provinzial- und kommunalständischen Verbänden und deren Organen nach Maßgabe der für diese Verbände und deren Organe gültigen Verfassungsgesetze übertragen. Bis zum Erlaß der betreffenden Königlichen Verordnung bewendet es überall bei den zur Zeit bestehenden Verwaltungsvorschriften, vorbehaltlich der Bestimmungen des § 71.

Instruktion zu §§ 26—30.

Ueber die Verwaltung des Landarmenwesens sind für die einzelnen Landestheile folgende Königliche Verordnungen erlassen:

1. Jadegebiet: V. v. 12. Juli 1871. G. S. S. 313.
2. Altpommern: V. v. 29. Juli 1871. G. S. S. 321.

3. Kommunalständ. Verb. des Reg. Bez. Kassel: V. v. 29. Juli 1871. G. S. S. 323.
4. Stadtkreis Frankfurt a. M.: V. v. 29. Juli 1871. G. S. S. 324.
5. Prov. Hannover: V. v. 1. Aug. 1871. G. S. S. 325.
6. Prov. Posen: V. v. 29. Juli 1871. G. S. S. 329.
7. Schlesien: V. v. 16. Aug. 1871. G. S. S. 345.
8. Schleswig=Holstein: V. v. 1. Sept. 1871. G. S. S. 377.
9. Reg. Bez. Wiesbaden: V. v. 4. Sept. 1871. G. S. S. 378.
10. Westphalen: V. v. 15. Sept. 1871. G. S. S. 461.
11. Prov. Sachsen: V. v. 2. Okt. 1871. G. S. S. 473.
12. Rheinprovinz: V. v. 2. Okt. 1871. G. S. S. 477.

Folgende ältere Land=Armen=Reglements sind noch in Kraft: Ostpreußen: v. 26. Sept. 1864 (G. S. S. 621), Westpreußen: 11. Sept. 1867 (G. S. S. 1709), Kurmark: 14. Jan. 1848 (G. S. S. 37), Neumark: 19. Okt. 1860 (G. S. S. 505), Nieder=Lausitz: 17. Mai 1846 (G. S. S. 251), Kr. Kottbus: 17. Mai 1846 (G. S. S. 258), Neu=Vorpommern: 20. Nov. 1843 (G. S. 1845 S. 13) Altmark: 17. Nov. 1845 (Magdb. Amtsbl. S. 21).

§ 29. Die zur Erfüllung der Verpflichtungen der Landarmenverbände aufzubringenden Kosten werden auf die betreffenden Kreise nach dem Maßstabe der in ihnen aufkommenden direkten Staatssteuern (§ 70) vertheilt, sofern nicht die Vertretung eines Landarmenverbandes mit Genehmigung der Minister des Innern und der Finanzen eine andere Aufbringungsweise beschließt. Den Vertretungen der Kreise bleibt die Beschlußfassung über die Aufbringungsweise des auf die letzteren vertheilten Kostenbetrages überlassen.

In der Provinz Hannover werden die vorgedachten Kosten auf die Amtsverbände beziehungsweise auf die nicht zu einem Amtsverbande gehörigen Städte vertheilt.

Im Regierungsbezirk Sigmaringen erfolgt die Verthei=

lung auf die Oberamtsbezirke. Die Aufbringungsweise der auf die letzteren vertheilten Kostenbeträge wird bis zur Einführung von Kreis- und Provinzialvertretungen durch eine Versammlung der Ortsvorsteher (Bürgermeister, Stadtschultheiß, Vogt) des Oberamtsbezirks unter dem Vorsitze des Oberamtmanns bestimmt.

Instruktion zu §§ 26—30.

§ 30. Die Bestimmungen des § 29. treten in den Provinzen Preußen, Brandenburg, Pommern, Posen, Schlesien, Sachsen, Westphalen und in der Rheinprovinz erst mit dem 1. Januar 1873 in Geltung. Mit demselben Tage treten in der Provinz Schlesien die zur Zeit dort geltenden gesetzlichen Bestimmungen, betreffend die Erhebung von Abgaben für das Landarmen- und Korrigendenwesen bei Erb- und Besitzveränderungsfällen, außer Kraft.

Instruktion zu §§ 26—30.

Pflichten und Rechte der Landarmenverbände.

§ 31. Die Landarmenverbände sind befugt, die Kosten der öffentlichen Armenpflege, welche die Fürsorge für Geisteskranke, Idioten, Taubstumme, Sieche und Blinde verursacht, unmittelbar zu übernehmen. Kreise oder Armenverbände, welche für einen der unmittelbar zu übernehmenden Zweige der Armenpflege bis dahin in ausreichender Weise gesorgt haben, können nicht gegen ihren Willen verpflichtet werden, an der betreffenden Einrichtung des Landarmenverbandes Theil zu nehmen oder zu den Kosten derselben beizutragen. Die auf besonderen gesetzlichen Bestimmungen oder Titeln beruhenden Verpflichtungen einzelner Landarmenverbände, sowie die Verpflichtung der Ortsarmenverbände zur vorläufigen Unterstützung der in ihrem Bezirke (§ 28. des Bundesgesetzes) der Hülfsbedürftigkeit anheimfallenden Personen werden hierdurch nicht berührt.

Die vorstehende Bestimmung findet gleichmäßig auf die aus mehreren Gemeinden oder Gutsbezirken zusammengesetzten Kommunalverbände (Bürgermeistereien, Aemter, Sammtgemeinden), sowie auf die Amtsbezirke und Kreise Anwendung. Diese Verbände können überdies auch die Fürsorge für Kranke unmittelbar übernehmen.

Instruktion zu §§ 31—39.

§ 32. Die in einigen Landestheilen bereits bestehenden Verbände von Gemeinden und Gutsbezirken zur Bestreitung der Kosten einzelner besonderer Zweige der öffentlichen Armenpflege (außerordentliche Armenlast) bleiben als solche aufrecht erhalten; bezüglich der Verwaltung der Angelegenheiten derselben kommen die §§ 9, 10, 13 bis 15. gleichmäßig zur Anwendung.

Ohne Zustimmung der Betheiligten findet die Bildung solcher Verbände nicht ferner statt.

Instruktion zu §§ 31—39.

§ 33. Die in einigen Landestheilen bestehenden Verpflichtungen des Staats zur Bestreitung einzelner besonderer Zweige der öffentlichen Armenpflege werden insoweit aufgehoben, als diese Verpflichtungen nicht auf besonderen Rechtstiteln beruhen.

Desgleichen werden aufgehoben die Bestimmungen des Ausschreibens des vormaligen Kurhessischen Staats-Ministeriums vom 15. Oktober 1822 (Kurhessische Gesetz-Samml. S. 45), sowie die Bestimmungen in § 1. Nr. 5.

des Gesetzes, betreffend die Erweiterung der Verwendungszwecke der Einnahmen aus dem vormals Kurhessischen Staatsschatze vom 25. März 1869 (Gesetz-Samml. S. 525).

§ 34. Die Landarmenverbände sind befugt, die ihrer Fürsorge gesetzlich anheimfallenden Personen demjenigen Ortsarmenverbande gegen Entschädigung zu überweisen, welcher nach § 28. des Bundesgesetzes vom 6. Juni 1870. zur vorläufigen Unterstützung derselben verpflichtet ist.

Die Landarmenverbände sind verpflichtet, in ihren Armenhäusern, soweit es der Raum gestattet, gegen Entschädigung die der Fürsorge der Ortsarmenverbände gesetzlich anheimfallenden Personen auf Antrag dieser Verbände aufzunehmen.

Instruktion zu §§ 31—39.

§ 35. Die für den Betrag der Erstattungsforderungen der Armenverbände maßgebenden Tarife werden von dem Minister des Innern nach Anhörung der Provinzialvertretung beziehungsweise der Kommunal-Landtage aufgestellt. Bei den gegenwärtig in Geltung stehenden Tarifen bewendet es, bis sie in vorgedachter Weise abgeändert worden sind.

Instruktion zu §§ 31—39.

Der Tarif ist unter dem 21. August 1871. erlassen und unten sub. III. d., nebst der auf denselben bezüglichen Verf. des Min. des Inn. v. 28. April 1871 mitgetheilt.

§ 36. Die Landarmenverbände sind verpflichtet, denjenigen, ihrem Bezirke angehörigen Ortsarmenverbänden eine Beihülfe zu gewähren, welche den ihnen obliegenden Verpflichtungen zu genügen unvermögend sind. Ob und welche Beihülfe zu leisten ist, entscheidet nach Anhörung des Kreistages endgültig die Deputation für das Heimathwesen (§ 40), zu deren Sprengel der betreffende Ortsarmenverband gehört. Die Beihülfe kann in Geld oder mittelst Bereitstellung von Pflegeanstalten oder in sonst geeigneter Weise gewährt werden.

Die in einigen Theilen des Regierungsbezirks Kassel bestehenden Verbände zur Unterstützung solcher Gemeinden, welche die Lasten der öffentlichen Armenpflege für sich allein nicht aufzubringen im Stande sind, werden insoweit aufgehoben, als diese Verbände nicht gleichzeitig zur Verfolgung anderer Zwecke eingerichtet sind, beziehungsweise insoweit auf sie nicht gleichzeitig der § 32. Anwendung findet. Auf das Vermögen dieser Verbände, soweit dasselbe lediglich zur Unterstützung der vorgedachten Gemeinden bestimmt ist, kommen die Vorschriften der §§ 17. und 18. zur Anwendung.

Instruktion zu §§ 31—39.

§ 37. Muß ein Deutscher, welcher keinen Unterstützungswohnsitz hat, auf Verlangen ausländischer Staatsbehörden (§ 33. des Bundesgesetzes) aus dem Auslande übernommen werden und ist bei der Uebernahme der Fall der Hülfsbedürftigkeit vorhanden oder tritt derselbe innerhalb sieben Tagen nach erfolgter Uebernahme ein, so liegt die Verpflichtung zur Erstattung der Kosten der Unterbringung beziehungsweise zur Uebernahme des Hülfsbedürftigen demjenigen Landarmenverbande ob, innerhalb dessen der Hülfsbedürftige seinen letzten Unterstützungswohnsitz gehabt hat. Läßt sich dieser Unterstützungswohnsitz nicht ermitteln, so ist derjenige Landarmenverband zur Tragung der Kosten verpflichtet, in dessen Bezirk die Hülfsbedürftigkeit hervorgetreten ist.

Instruktion zu §§ 31—39.

§ 38. Die Landarmenverbände sind verpflichtet, die in ihrem Bezirke festgenommenen, auf Grund der Bestimmungen des § 361. Nr. 3. bis 8. des Strafgesetzbuchs für den Norddeutschen Bund vom 31. Mai 1870. verurtheilten und nach verbüßter Strafe der Landes=Polizeibehörde überwiesenen Personen, auf dahin gehenden Beschluß dieser Behörde in ein Arbeitshaus unterzubringen. Die Kosten des Transportes der vorgedachten Personen aus dem Gerichtsgefängniß in das Arbeitshaus, sowie der ihnen etwa Behufs dieses Transportes zu gewährenden unentbehrlichen Bekleidung fallen dem Staate zur Last, wogegen die Landarmenverbände die Kosten der Verpflegung in der Anstalt, der bei der Entlassung aus dieser, wenn nöthig, zu gewährenden Bekleidung und entstehenden Falls der Beerdigung in so weit zu tragen haben, als diese Kosten durch den aufkommenden Arbeitsverdienst nicht gedeckt werden.

Instruktion zu §§ 31—39.

Die im § gedachten Transport= und Verpflegungs-Kosten charakterisiren sich lediglich als Kosten der Polizei=Verwaltung, ohne Unterschied, ob die Strafe in einem unter Verwaltung des Justiz=Min. oder in einem unter Verwaltung des Ministers des Innern stehenden Gefängnisse vollstreckt worden ist; dieselben sind daher aus Fonds der Verwaltung des Innern zu decken und bei Tit. 17 des Etats für die Verwaltung des Innern zu allgemeinen polizeilichen Zwecken zu verrechnen. Cirk. Verf. des Min. des Inn. v. 6. Juli 1871 (Verw. Min. Bl. S. 205).

§ 39. Die Landarmenverbände sind fortan, soweit es bisher noch der Fall ist, nicht mehr verpflichtet, die Kosten der Vollstreckung gerichtlich erkannter Freiheitsstrafen bezüglich der im § 38. gedachten Personen zu tragen.

Instruktion zu §§ 31—39.

Verfahren in Streitsachen der Armenverbände.

§ 40. Zur Entscheidung von Streitigkeiten, welche gegen einen Preußischen Armenverband von einem anderen Deutschen Armenverbande erhoben werden, wird für jede Provinz oder für einen oder mehrere Regierungs- oder Landdrosteibezirke eine Behörde eingesetzt, welche den Namen „Deputation für das Heimathwesen" führt und am Hauptorte der Provinz oder am Sitze einer Bezirksregierung oder Landdrostei ihren Sitz hat.

Instruktion zu §§ 40—63.

Ueber die Grenze der Kompetenz der Bezirks-Regierungen und der Deputationen für das Heimathwesen vgl. R. d. Min. d. Inn. v. 25. Okt. 1871 zu § 25.

Der Anspruch einer Privatperson auf Erstattung von Armen-Verpflegungskosten ist im Rechtswege geltend zu machen. Erkenntniß des Gerichtshofs zur Entscheidung der Kompetenz-Konflikte vom 13. Januar 1872 (Verw. Min. Bl. S. 76).

§ 41. Die Deputation für das Heimathwesen besteht aus einem richterlichen Beamten, einem Verwaltungsbeamten und ferneren drei von der Provinzialvertretung zu wählenden Mitgliedern.

Der richterliche Beamte wird aus den etatsmäßigen Mitgliedern eines am Sitze der Deputation befindlichen Gerichtskollegiums, der Verwaltungsbeamte aus den am Sitze der Deputation fungirenden etatsmäßigen Mitgliedern der Regierung oder des Polizei-Präsidiums zu Berlin, beziehungsweise der Landdrostei, oder aus der Zahl der dem Ober-Präsidenten beigeordneten Räthe für die Dauer ihres Hauptamtes am Sitze der Deputation von dem Könige ernannt.

Die drei anderen Mitglieder werden aus den Angehörigen des Sprengels der Deputation für die Dauer von drei Jahren gewählt und von dem Vorsitzenden durch Handschlag an Eidesstatt verpflichtet.

In gleicher Weise wird für jedes Mitglied ein bestimmter Stellvertreter ernannt, beziehungsweise gewählt.

Den Vorsitzenden der Deputation und dessen Stellvertreter ernennt der König aus der Zahl der Mitglieder.

§ 42. Die Anwesenheit von drei Mitgliedern, einschließlich der beiden ernannten Beamten, genügt für die Beschlußfähigkeit der Deputation. Sind vier Mitglieder anwesend, so nimmt das dem Lebensalter nach jüngste Mitglied an der Abstimmung keinen Antheil.

§ 43. Die Mitglieder der Deputation sind für ihre Entscheidungen nach den für richterliche Beamte geltenden Grundsätzen verantwortlich. Die ernannten Mitglieder unterliegen in dieser ihrer Eigenschaft den für richterliche Beamte geltenden Disziplinarvorschriften. Das Verfahren wird von demjenigen Gerichtshof geleitet, welcher für den Bezirk des betreffenden Appellationsgerichts den Disziplinarhof bildet. Die gewählten Mitglieder der Deputation unterliegen keinem Disziplinarverfahren.

Der äußere Geschäftsgang bei den Deputationen wird durch ein Regulativ geordnet, welches der Justizminister und der Minister des Innern g meinsam zu erlassen haben. In dem Regulativ sind insbesondere auch die Grundsätze festzustellen, nach welchen die Stellvertret.r in Gemäßheit dieses Gesetzes einzuberufen sind.

Das Geschäfts-Regulativ ist unter dem 1. Februar 1872 erlassen und nebst dem auf dasselbe bezüglichen Circular-Erlaß vom 1. Febr. 1872 unten sub. III. e. mitgetheilt.

Zufolge Allerhöchster Ordre vom 22. April 1871 (Verw. Min. Bl. S. 229) sind die in der Anmerkung zu § 37 des Reichsgesetzes vom 6. Juni 1870 (oben S. 24.) angegebenen Deputationen für das Heimathwesen eingesetzt.

§ 44. Die gewählten Mitglieder der Deputation erhalten eine ihren Auslagen entsprechende Entschädigung. Ueber die Höhe derselben beschließt die Provinzialvertretung, im Regierungsbezirk Sigmaringen bis zur Einführung einer solchen die Regierung daselbst. Der Entschädigungsbetrag wird von dem Landarmenverbande, und wo mehrere Landarmenverbände betheiligt sind, im Verhältniß der in denselben aufkommenden direkten Staatssteuern aufgebracht. Die übrigen Kosten der Deputation für das Heimathwesen fallen dem Staate zur Last.

§ 45. Die Klage wegen eines abgelehnten Anspruches ist bei der Deputation anzubringen, zu deren Sprengel der in Anspruch genommene Armenverband gehört.

§ 46. In der der Deputation einzureichenden Klageschrift ist der Armenverband, dessen Verurtheilung verlangt wird, und der Gegenstand des erhobenen Anspruches genau zu bezeichnen; es ist insbesondere ausdrücklich auszusprechen, ob die Uebernahme des betreffenden Hülfsbedürftigen oder welche sonstige Leistung verlangt wird.

§ 47. Die Klageschrift wird der Gegenpartei mit der Aufforderung zugefertigt, ihre schriftliche Gegenerklärung innerhalb vier Wochen nach der Zustellung einzureichen, widrigenfalls die in der Klageschrift behaupteten Thatsachen für zugestanden und die damit überreichten Urkunden für anerkannt würden erachtet werden.

Die Gegenerklärung wird dem klagenden Armenverbande zugefertigt, geeigneten Falles mit der dieselbe Verwarnung enthaltenden Aufforderung, seine weitere Erklärung innerhalb vierzehn Tagen nach der Zustellung einzureichen. Geht eine solche weitere Erklärung ein, so wird sie der Gegenpartei zur Kenntnißnahme zugefertigt.

Die vorgedachten Fristen können auf Antrag der betreffenden Partei verlängert werden.

§ 48. Der Klageschrift und den im § 47. gedachten weiteren Erklärungen der Parteien sind die als Beweismittel in Bezug genommenen Urkunden im Original oder in Abschrift beizufügen. Von allen Schriftstücken und deren Anlagen sind Duplikate einzureichen.

§ 49. Die Deputation für das Heimathwesen ist befugt, Untersuchungen an Ort und Stelle zu veranlassen, Zeugen und Sachverständige zu laden und eidlich zu vernehmen, überhaupt den angetretenen Beweis in vollem Umfange zu erheben.

Hinsichtlich der Verpflichtung, sich als Zeuge oder Sachverständiger vernehmen zu lassen, kommen die entsprechenden Bestimmungen der bürgerlichen Prozeßgesetze zur Anwendung. Die Deputation erkennt auf die im Ungehorsamsfalle zu verhängenden Strafen, vorbehaltlich des innerhalb vierzehn Tagen nach Zustellung des Strafbescheides zulässigen Rekurses an das Bundesamt für das Heimathwesen.

§ 50. Die Deputation kann die Beweiserhebung durch eines ihrer Mitglieder oder durch eine der Bezirksregierung nachgeordnete Behörde oder durch eine zu dem Ende zu ersuchende sonstige Behörde bewirken lassen. Sie kann verordnen, daß die Beweiserhebung in ihrer öffentlichen Sitzung stattfinden solle.

Vgl. Rescr. v. 19. Febr. 1872 unten zu § 63.

§ 51. Die Beweisverhandlungen sind unter Zuziehung eines vereideten Protokollführers oder, wenn sie in einem anderen Deutschen Staate stattfinden, in den dort vorgeschriebenen Formen aufzunehmen; die Parteien sind zu denselben vorzuladen.

§ 52. Die Entscheidung erfolgt in öffentlicher Sitzung der Deputation nach erfolgter Ladung und Anhörung der Parteien oder ihrer mit Vollmacht versehenen Vertreter. Die Ladung erfolgt unter der Verwarnung, daß beim Ausbleiben der Parteien nach Lage der Akten entschieden werden würde. Die Entscheidung kann sofort verkündigt werden; es ist über dieselbe aber jedenfalls ein schriftlicher, mit Gründen versehener Beschluß auszufertigen und den Parteien zuzustellen.

§ 53. In der öffentlichen Sitzung der Deputation dürfen die Parteien neue Thatsachen oder Beweismittel nur insofern vorbringen, als ihnen bei dem verspäteten Vorbringen eine schuldbare Verzögerung nicht zur Last fällt.

§ 54. Die Deputation hat nach ihrer freien, aus dem ganzen Inbegriffe der Verhandlungen und Beweise geschöpften Ueberzeugung zu beschließen. Insofern nicht etwa eine Ergänzung der Instruktion beschlossen wird, kann ihre Entscheidung auf Abweisung des klagenden oder auf Verurtheilung des in Anspruch genommenen Armenverbandes gerichtet sein. Letzteren Falles ist in der Entscheidung ausdrücklich auszusprechen, ob der Armenverband zur Uebernahme des betreffenden Hülfsbedürftigen oder nur zu einer sonstigen Leistung verpflichtet sein soll.

§ 55. Ueber die öffentliche Sitzung wird durch einen zuzuziehenden vereidigten Protokollführer eine Verhandlung aufgenommen, welche die wesentlichen Hergänge enthalten muß und von den Mitgliedern der Deputation, sowie von dem Protokollführer zu unterzeichnen ist.

§ 56. Die Entscheidung erfolgt im Namen des Königs.

Das Verfahren ist stempelfrei. An Kosten wird für dasselbe, außer den baaren Auslagen und den Gebühren für Zeugen und Sachverständige, ein Pauschquantum erhoben, welches im Höchstbetrage 20 Thaler nicht übersteigen darf.

Dem unterliegenden Theil sind die Kosten und die baaren Auslagen des Verfahrens, desgleichen die baaren Auslagen des obsiegenden Theils, mit Einschluß der Gebühren, welche derselbe seinem Bevollmächtigten für Wahrnehmung der öffentlichen Sitzungen der Deputation zu entrichten hat, zur Last zu legen. Das Pauschquantum, sämmtliche zu erstattende Auslagen und Gebühren der Bevollmächtigten werden von der Deputation endgültig festgesetzt.

Aus den Einnahmen der Deputation sind zunächst die Kosten derselben zu bestreiten. Der Ueberschuß wird dem Landarmenverbande zugewiesen, und wo mehrere Landarmenverbände betheiligt sind, im Verhältniß zu den in ihnen aufkommenden direkten Staatssteuern vertheilt.

zu gleichen Rechten an den Einnahmen der Deputationen und beide Theile haben daher im Verhältniß zu den nach § 44. ihnen zunächst auferlegten Kosten die Erstattung derselben aus den Einnahmen zu fordern. Reichen die Einnahmen zu, um sämmtliche, von den Landarmen-Verbänden und vom Staatsfonds bestrittenen Kosten zu decken, so sind dieselben vollständig zu erstatten und nur der Ueberschuß den Landarmen-Verbänden zu überweisen; übersteigt der Gesammtbetrag der Kosten den der Einnahmen, so sind die letzteren der Staatskasse und dem Land-Armenverband pro rata der nach § 44. von ihnen zu bestreitenden Kosten zuzuführen, ein Ueberschuß, der dem Land-Armen-Verbande zuzuweisen wäre, besteht dann nicht. Die diesfälligen Berechnungen sind für jedes Kalenderjahr besonders anzulegen und abzuschließen. Verf. d. Min. d. Inn. v. 13. April 1872.

§ 57. Soweit die Organisation oder die örtliche Abgrenzung der einzelnen Armenverbände Gegenstand des Streites ist, bewendet es endgültig bei der Entscheidung der Deputation. Im Uebrigen findet gegen deren Entscheidung, unter Ausschluß aller sonstigen Rechtsmittel, die Berufung an das Bundesamt für das Heimathwesen statt.

§ 58. In allen Streitsachen zwischen Preußischen Armenverbänden ist die unterliegende Partei verpflichtet, der Gegenpartei die ihr in der Berufungsinstanz entstandenen baaren Auslagen, sowie die Gebühren eines sie in der öffentlichen Sitzung des Bundesamtes vertretenden Rechtsverständigen zu erstatten.

§ 59. Gegen die im § 56. des Bundesgesetzes erwähnten Anordnungen findet die Berufung an das Bundesamt für das Heimathwesen auch in denjenigen Fällen statt, in denen ein Streit zwischen zwei Preußischen Armenverbänden besteht.

Ist ein Armenverband zur Zahlung und Erstattung

der ihm endgültig auferlegten Kosten und Gebühren ganz oder theilweise außer Stande (§ 59. des Bundesgesetzes), so bleiben die Kosten des Verfahrens außer Ansatz und für die Erstattung der Auslagen und Gebühren muß der betreffende Landarmenverband aufkommen.

§ 60. In jedem Kreise wird eine Kommission gebildet, welche in allen Streitigkeiten, in denen ein Ortsarmenverband von einem anderen Preußischen Armenverbande in Anspruch genommen wird, auf Antrag beider streitenden Theile der schiedsrichterlichen Entscheidung, und auf Antrag eines Theiles, welchen dieser stellt, ehe der Streit bei der Deputation anhängig gemacht ist, einem gütlichen Sühneversuch sich unterziehen muß.

Die Kommission besteht aus dem Landrath (dem Landrathsamts-Verwalter) als dem Vorsitzenden und zwei Mitgliedern, welche der Kreistag aus den Angehörigen des Kreises für die Dauer von drei Jahren wählt. Für den Vorsitzenden und jedes der beiden anderen Mitglieder wählt der Kreistag einen bestimmten Vertreter.

In Städten, welche zu keinem Kreise gehören, erfolgt die Wahl aus den Angehörigen der Gemeinde durch den Gemeindevorstand und die Gemeindevertretung in gemeinschaftlicher Sitzung.

In Städten, welche nicht zu einem Kreise gehören, ist der Bürgermeister Vorsitzender der Kommission. Verf. d. Min. d. Inn. v. 21. Juni 1871 (Verw. Min. Bl. S. 168).

Zum Zwecke der von dem Gemeindevorstand und der Gemeindevertretung in gemeinschaftlicher Sitzung vorzunehmenden Wahl haben der Bürgermeister und der Stadtverordneten-Vorsteher sich über Lokal und Zeit der Sitzung zu einigen. Der Bürgermeister ladet die Mitglieder des Magistrats, der Stadtverordneten-Vorsteher die

Stadtverordneten ein. In der Sitzung führt der Bürgermeister den Vorsitz und leitet den Wahlakt, welcher in der für städtische Wahlen überhaupt maßgebenden Weise vorzunehmen ist. Verf. d. Min. d. Inn. v. 21. Juni 1871 (Verw. M. Bl. S. 168).

§ 61. Für das Verfahren der Kommissionen kommen die §§ 46, 49, 50, 52, 54. in Anwendung mit der Maßgabe, daß auf die im § 49. bezeichnete Strafe die Kommission erkennt und der Rekurs an die Deputation für das Heimathwesen zusteht. Alle übrigen Theile des Verfahrens regelt die Kommission in jedem einzelnen Falle. Insbesondere darf dieselbe in jeder Lage des Verfahrens einen Sühneversuch veranlassen.

§ 62. Die Kommission entscheidet endgültig mit Ausschluß jeder Berufung. Die Entscheidung erfolgt gebühren- und stempelfrei; doch sind dem unterliegenden Theile die baaren Auslagen des Verfahrens und die des obsiegenden Theils, jedoch mit Ausschluß der Gebühren eines Bevollmächtigten, zur Last zu legen.

Die zu erstattenden baaren Auslagen werden von der Kommission endgültig festgesetzt.

Die Entscheidungen der Kommissionen, sowie die urkundlich von denselben festgestellten Einigungen sind im Verwaltungswege vollstreckbar.

Das Amt der Mitglieder der Kreiskommissionen ist, ebenso wie das der Mitgl. der im § 18. erwähnten Regulirungs-Kommissionen ein Ehrenamt. Stellt es sich, weil entfernt wohnende Personen gewählt sind, als unvermeidlich heraus, denselben Diäten und Reisekosten zu gewähren, so sind dieselben von den Kreisen aufzubringen. Als baare Auslagen (§ 62) sind dieselben nicht anzusehen. Bei den nach § 62. von der Kommission endgültig festzusetzenden baaren Auslagen ist an Porto und ähnliche Auslagen gedacht. Sollte gleichwohl eine Kommission unter die von ihr festzusetzenden baaren Auslagen zu Lasten der unterliegenden Partei Diäten und Reisekosten der Kommissions-Mitglieder aufnehmen, so würde sie ihre Befugniß überschreiten und das betr. Dekret zur Vollstreckung im Verwaltungswege nicht geeignet sein. R. d. Min. d. Inn. v. 17. Okt. 1871 (Verw. M. Bl. S. 294).

§ 63. Einen Anspruch auf Unterstützung kann der Arme gegen einen Armenverband niemals im Rechtswege, sondern nur bei der Verwaltungsbehörde geltend machen, in deren Pflicht es liegt, keine Ansprüche zuzulassen, welche über das Nothdürftige hinausgehen.

Beschwerden gegen Verfügungen der Vorstände der Ortsarmenverbände darüber, ob, in welcher Höhe und in welcher Weise Armenunterstützungen zu gewähren sind, folgen dem durch die bestehenden Gesetze angeordneten Instanzenzuge mit der Maßgabe, daß an die Stelle der Bezirksregierung die Deputation für das Heimathwesen tritt, welche endgültig entscheidet.

In den Fällen der §§ 63, 65 ff. ist der Landrath eine der Deput. nachgeordnete Behörde und die Deput. daher befugt, demselben Aufträge zu ertheilen, resp. an ihn Verfügungen zu erlassen. In den übrigen Angelegenheiten der Deputationen haben dieselben (nach § 17. des Geschäfts-Reglements) sich auf eine Requisition der Landräthe zu beschränken. Eine Disziplinar-Befugniß steht den Deputationen auch in den Fällen der §§ 63, 65 ff. den Landräthen gegenüber nicht zu, vielmehr ist nöthigenfalls ein Einschreiten bei der dem Landrath vorgesetzten Bezirks-Regierung nachzusuchen. Verf. d. Min. d. Inn. v. 19. Febr. 1872 (Verw. Min. Bl. S. 65).

In Betreff der Ansprüche von Privatpersonen auf Erstattung von Armen-Verpflegungskosten ist die Entscheidung dem Rechtswege (nicht den Deput. für Heimathwesen) vorbehalten. Erk. d. Gerichtshofs z. Entsch. d. Kompet.-Konfl. v. 13. Jan. 1872 (Verw. Min. Bl. S. 76).

Oeffentliche Unterstützung hülfsbedürftiger Ausländer.

§ 64. Jeder Ausländer ist, so lange ihm der Aufenthalt im Inlande gestattet ist, in Bezug a) auf die Art und das Maß der im Falle der Hülfsbedürftigkeit zu gewährenden öffentlichen Unterstützung, b) auf den Erwerb und Verlust des Unterstützungswohnsitzes einem Deutschen gleich zu behandeln.

Instruktion zu § 64.

Verhältniß der Armenverbände zu anderweit Verpflichteten, und zu den Behörden.

§ 65. Auf den Antrag des Armenverbandes, der einen Hülfsbedürftigen unterstützen muß, können durch einen mit Gründen versehenen Beschluß der Verwaltungsbehörde nach Anhörung der Betheiligten der Ehemann, die Ehefrau, die ehelichen Eltern, die uneheliche Mutter, sowie die ehelichen Kinder und die unehelichen Kinder in Beziehung auf die Mutter, angehalten werden, dem Hülfsbedürftigen nach Maßgabe ihrer gesetzlichen Verpflichtung die erforderliche laufende Unterstützung zu gewähren.

Die Beschlußfassung steht dem Landrathe desjenigen Kreises, und im Regierungsbezirke Sigmaringen dem Oberamtmanne desjenigen Oberamtsbezirkes zu, in welchem der in Anspruch genommene Angehörige des Hülfsbedürftigen seinen Wohnsitz hat, beziehungsweise wenn die Gemeinde des Wohnsitzes weder in Kommunal- noch in Polizeiangelegenheiten der Aufsicht des Landrathes unterworfen ist, dem Gemeindevorstande.

Hat der gedachte Angehörige im Inlande keinen

Wohnsitz, so treten an die Stelle der Behörden des Wohnsitzes die Behörden des Aufenthaltsortes.

Instruktion zu §§ 65—68.

§ 66. Gegen die Entscheidung der Verwaltungsbehörde (§ 65) steht innerhalb zehn Tagen nach deren Zustellung sowohl dem in Anspruch genommenen Angehörigen wie dem betheiligten Armenverbande der Rekurs an die Deputation für das Heimathwesen zu, welche letztere nach Anhörung der Gegenpartei im Verwaltungswege endgültig entscheidet. Beiden Theilen bleibt überdies die Verfolgung ihrer Rechte im gerichtlichen Verfahren vorbehalten.

Instruktion zu §§ 65—68.

§ 67. Die Entscheidungen der Verwaltungsbehörde (§§ 65, 66) sind vorläufig und so lange vollstreckbar, bis auf erhobenen Rekurs im Verwaltungswege oder mittelst rechtskräftigen gerichtlichen Urtheils eine abändernde Entscheidung erfolgt ist.

Im letzteren Falle hat der Armenverband dem in Anspruch genommenen Angehörigen das bis dahin Geleistete beziehungsweise das zu viel Geleistete zu erstatten; im Weigerungsfalle ist er hierzu im Aufsichtswege anzuhalten.

Hatte jedoch der eine solche Erstattung Fordernde die gerichtliche Klage nicht innerhalb sechs Monaten nach Zustellung des von ihm angefochtenen Beschlusses der Verwaltungsbehörde angebracht, so kann er nur dasjenige zurückfordern, was er für den Zeitraum seit Anbringung der Klage zu viel geleistet hat.

Instruktion zu §§ 65—68.

§ 68. Die Erstattung bereits verausgabter Unterstützungskosten kann ein Armenverband in allen Fällen, soweit nicht die §§ 40 ff., betreffend das Verfahren in Streitsachen der Armenverbände, zur Anwendung kommen, nur im gerichtlichen Verfahren beanspruchen.

Instruktion zu §§ 65—68.

Besondere Bestimmungen für einzelne Landestheile und Schlußbestimmungen.

§ 69. Unter einem Deutschen Hülfsbedürftigen und einem Deutschen Armenverbande im Sinne dieses Gesetzes ist ein solcher zu verstehen, welcher dem Geltungsbereich des Bundesgesetzes über den Unterstützungswohnsitz vom 6. Juni 1870. angehört.

§ 70. Soweit die Vertheilung der von den einzelnen Verbänden, Kreisen und Gemeinden in Folge dieses Gesetzes aufzubringenden Kosten nach Maßgabe der direkten Staatssteuern erfolgt, kommen folgende Bestimmungen zur Anwendung: 1) in den mahl- und schlachtsteuerpflichtigen Städten tritt die Mahl- und Schlachtsteuer, nach Abzug des für die Städte erhobenen Steuerdrittels, an die Stelle der Klassensteuer; 2) die in § 4. Litt. a. und b. des Grundsteuergesetzes vom 21. Mai 1861 (Gesetz-Samml. S. 253) und beziehungsweise in § 3. des Grundsteuergesetzes vom 11. Februar 1870 (Ges.-S. S. 85) bezeichneten Grundstücke werden nach Maßgabe derjenigen Grundsteuerbeträge herangezogen, welche von ihnen zu entrichten sein würden, wenn ihnen ein Anspruch auf Grundsteuerbefreiung oder Bevorzugung nicht zustände. Die Berechnung dieser Grundsteuerbeträge erfolgt durch

Anwendung des allgemeinen Grundsteuer-Prozentsatzes auf die in Ausführung der vorerwähnten beiden Gesetze für die gedachten Grundstücke festgestellten oder festzustellenden Reinerträge. In den Provinzen Schleswig-Holstein, Hannover und Hessen-Nassau, sowie in dem Kreise Meisenheim geschieht diese Berechnung so lange, als die neu zu regelnde Grundsteuer noch nicht erhoben wird, nach den gesetzlich feststehenden oder hergebrachten Besteuerungsgrundsätzen; 3) die nach § 3. unter 1. des Gesetzes, betreffend die Einführung einer allgemeinen Gebäudesteuer, vom 21. Mai 1861 (Ges.-Samml. S. 317 ff.) von der Gebäudesteuer befreiten Gebäude, mit Ausnahme derjenigen, welche sich im Besitze der Mitglieder des Königlichen Hauses oder des Hohenzollernschen Fürstenhauses, sowie des Hannoverschen Königshauses oder des Kurhessischen oder des Herzoglich Nassauischen Fürstenhauses befinden, werden nach Maßgabe ihres, den Grundsätzen des angeführten Gesetzes entsprechend, besonders einzuschätzenden Nutzungswerthes und der danach zu berechnenden Gebäudesteuerbeträge herangezogen; 4) die Steuer für den Gewerbebetrieb im Umherziehen bleibt außer Berücksichtigung.

§ 71. Die in diesem Gesetze den Bezirksregierungen resp. den Landräthen überwiesenen Verrichtungen sollen in der Provinz Hannover von den Landdrosteien, resp. den Amtshauptmännern, wahrgenommen werden. Ebenso treten in der Provinz Hannover die Amtsvertretungen an die Stelle der Kreistage; ausgenommen jedoch sind die Kreiskommissionen, welche auch in Hannover für die einzelnen Kreise unter dem Vorsitz des Kreishauptmanns einzurichten und deren Mitglieder und Stellvertreter von den Kreistagen zu wählen sind.

Bis zum Erlaß der im § 28. gedachten Königlichen Verordnung wird die Verwaltung des Landarmenverbandes a) für die Provinz Schleswig-Holstein der Regierung zu Schleswig, b) für den kommunalständischen Verband des Regierungsbezirks Wiesbaden mit Ausnahme des Stadtkreises Frankfurt a. M. der Regierung zu Wiesbaden, c) für den Regierungsbezirk Sigmaringen der Regierung zu Sigmaringen übertragen.

Für das Jadegebiet werden die in den §§ 36, 40. bis 57. und 66. erwähnten Verrichtungen einer Deputation für das Heimathwesen in der Provinz Hannover übertragen; im Uebrigen wird für das gedachte Gebiet die Zuständigkeit der Behörden durch Königliche Verordnung geregelt. Für den Regierungsbezirk Sigmaringen wird bis zur Einführung einer Provinzial- und Kreisvertretung Folgendes bestimmt: Es wird in jedem Oberamtsbezirke eine der im § 60. gedachten Kommissionen gebildet; den Vorsitz in derselben führt der Oberamtmann; die beiden anderen Mitglieder und deren Stellvertreter werden von den Ortsvorstehern (Bürgermeister, Stadtschultheiß, Vogt) gewählt; in gleicher Weise erfolgt die Wahl der nicht vom Könige zu ernennenden Mitglieder der Deputation für das Heimathwesen; zum Zwecke der Wahlen werden die Ortsvorsteher zu Wahlverbänden vereinigt, deren Bildung dem Regierungspräsidenten übertragen wird.

§ 72. Die Verwaltung des für das ehemalige Herzogthum Nassau vorhandenen, seiner Bestimmung zu erhaltenden Central=Waisenfonds wird durch Königliche Verordnung geregelt; bis zu deren Erlaß bewendet es bei den darauf bezüglichen Bestimmungen der §§ 17. und 19. des Gesetzes, betreffend die Verwaltung der öffentlichen Armenpflege, vom 18. Dezember 1848 (Nassauisches Verordnungsblatt S. 303 ff.).

§ 73. Das gegenwärtige Gesetz tritt, vorbehaltlich der Bestimmung des § 30, mit dem 1. Juli 1871 in Kraft. Es ist, den Bestimmungen des gegenwärtigen Gesetzes entsprechend, Vorkehrung dahin zu treffen, daß vom 1. Juli 1871 ab jedes Grundstück einem räumlich abgegrenzten Ortsarmenverbande angehört oder selbständig als solcher eingerichtet ist.

Das in den §§ 40 ff. vorgeschriebene Verfahren kommt bei denjenigen Streitsachen der Armenverbände zur Anwendung, welche nach dem 30. Juni 1871. anhängig gemacht werden (§ 65. unter 6. des Bundesgesetzes vom 6. Juni 1870).

§ 74. Mit dem 1. Juli 1871. treten alle mit den Vorschriften des gegenwärtigen Gesetzes im Widerspruche stehenden oder mit denselben nicht zu vereinigenden gesetzlichen Bestimmungen außer Kraft: 1) für die Provinzen Preußen, Brandenburg, Pommern, Posen, Schlesien, Sachsen, Westphalen und die Rheinprovinz: a) das Gesetz über die Verpflichtung zur Armenpflege vom 31. Dezember 1842 (Gesetz=Samml. 1843 S. 8) mit der Maßgabe, daß die im § 6. unter 3. dieses Gesetzes erwähnten, zur Zeit der Verkündigung desselben bereits in Ausführung gekommenen Veränderungen von Gemeindebezirken nach wie vor als rechtsbeständig zu betrachten sind, b) das Gesetz zur Ergänzung der Gesetze vom 31. Dezember 1842 über die Verpflichtung zur Armenpflege u. s. w. vom 21. Mai 1855 (Gesetz=Samml. S. 311), soweit dasselbe zur Zeit noch Gültigkeit hat, c) der § 1 des Edikts vom 14. Dezember 1747 wegen Ausrottung der Bettler u. s. w. in Schlesien und der Grafschaft Glatz, vorbehaltlich der Bestimmungen des § 9. des gegenwärtigen Gesetzes, d) diejenigen gesetzlichen Vorschriften, welche die Aufbringung der Kosten der örtlichen Armenpflege in der Provinz Schlesien, ausschließlich der Ober=Lausitz, zu ihrem Gegenstande haben, insbesondere das Gesetz vom 18. März 1869 (Gesetz=Samml. S. 505), e) der § 5 der Verordnung, betreffend die Einführung der im Westrheinischen Theile des Regierungsbezirks Coblenz geltenden Gesetze in dem vormals Hessen=Homburgischen Oberamte Meisenheim vom 20. September 1867 (Gesetz=Samml. S. 1535 ff.) und die dort allegirte Verordnung vom 15. Oktober 1832; 2) für die Provinz Schleswig=Holstein die Armenordnung vom 29. Dezember 1841 (Schleswig=Holsteinsche Gesetz=Samml. S. 267 ff.), mit Ausnahme der §§ 14 bis 18, 77, 78, 81, 82, soweit dieselben die gesetzliche Alimentationspflicht der Verwandten und die Verpflichtungen der Dienstherrschaften gegenüber den Dienstboten zum Gegenstande haben; desgleichen die §§ 7. bis 15. des Patents, betreffend die Niederlassung und Versorgung von Ausländern, vom 5. November 1841 (ebenda S. 243 ff.); 3) für die Provinz Hannover: a) die Verordnung über die Bestimmung des Wohnorts 2c. vom 6. Juli 1827 (Hannoversche Gesetz=Samml. S. 69 ff.) mit der Maßgabe, daß die nach den Gemeinde-Verfassungsgesetzen durch den Erwerb des Wohnrechts bedingten Rechte und Pflichten fortan durch den Wohnsitz (juristisches Domizil) in der betreffenden Gemeinde begründet werden; b) das Gesetz wegen Behandlung erkrankter, der Gemeinde rc. nicht angehöriger Armen v. 9. August 1838 (ebenda S. 195 ff.), c) die §§ 48. und 49., sowie die auf das Armenwesen Bezug habenden Bestimmungen der §§ 28 ff. des Gesetzes über die Verhältnisse der Juden vom 30. September 1842 (ebenda S. 211 ff.); 4) für das ehemalige Kurfürstenthum Hessen die Verordnung, enthaltend Maßregeln der Sicherheitspolizei wegen der erwerbs- oder heimathlosen rc. Personen, vom 29. November 1823 (Kurhess. Gesetz-Samml. S. 57 ff.); 5) für das ehemalige Herzogthum Nassau das Gesetz, betreffend die Verwaltung der öffentlichen Armenpflege, vom 18. Dezember 1848 (Nassauisches Verordnungsbl. S. 303 ff.); jedoch a) mit Ausnahme des § 9, soweit derselbe die gesetzliche Alimentationspflicht der Ehegatten und der Verwandten zu seinem Gegenstande hat, b) mit Ausnahme des § 28. und c) vorbehaltlich der die Verwaltung des Central-Waisenfonds betreffenden Bestimmung des § 72. dieses Gesetzes und mit der Maßgabe, daß die auf Grund der §§ 14. und 16. sub 3. des Gesetzes vom 18. Dezember 1848 für die Landarmen- und Waisenpflege im Gebiete des ehemaligen Herzogthums Nassau, sowie die für gleiche Zwecke im Kreise Biedenkopf aus der Staatskasse pro 1870. geleisteten Zuschüsse dem Landarmenverbande des Regierungsbezirks Wiesbaden überwiesen werden; 6) für die ehemaligen Bayerischen Landestheile die Verordnung über das Armenwesen vom 17. November 1816 (Bayerisches Gesetzbl. S. 780 ff.), das Gesetz über die Heimath vom 11. September 1825 (ebenda S. 103 ff.), das revidirte Gesetz über Ansässigmachung und Verehelichung vom $\frac{\text{11. September 1825}}{\text{1. Juli 1834}}$ (ebenda S. 133 ff.), das Gesetz über die Unterstützung und Verpflegung hülfsbedürftiger und erkrankter Personen vom 25. Juli 1850 (ebenda S. 341 ff.).

Es werden überdies alle gesetzlichen Bestimmungen aufgehoben, welche die Erhebung einer Abgabe von öffentlichen Lustbarkeiten zu Armenzwecken vorschreiben. Die Befugniß der Gemeindebehörden, die Einführung oder Forterhebung solcher Abgaben nach Maßgabe der Gemeinde-Verfassungsgesetze zu beschließen, wird durch diese Bestimmung nicht berührt.

Die Königl. Regierungen sind ermächtigt, Gemeindebeschlüsse, welche die Einführung oder Forterhebung der im § 74. gedachten Abgaben betreffen, ohne Berichterstattung an das Ministerium zu genehmigen; die Genehmigung ist jedoch mit Rücksicht auf die Veränderlichkeit der örtl. Verhältnisse überall nur unter Vorbehalt des Widerrufs zu ertheilen. — Durch den § 74. sind übrigens nur diejenigen Gesetze und allgemeinen gesetzlichen Bestimmungen aufgehoben, welche die Erhebung von Abgaben der in Rede stehenden Art zu Armenzwecken vorschreiben, nicht aber diejenigen Beschlüsse der Gemeindebehörden, durch welche bisher auf Grund der Gemeinde-Verfassungsgesetze derartige Abgaben eingeführt worden sind. Ueberall da, wo die Existenz solcher Abgaben nicht lediglich auf den nach § 74. aufgehobenen Gesetzen, sondern auf rite gefaßten Gemeindebeschlüssen beruht, bedarf es zur unveränderten Forterhebung dieser Abgaben eines erneuerten Gemeinde-Beschlusses nicht. Cirk. Rescr. d. Min. d. Inn. u. d. Fin. v. 4. Sept. 1871.

Urkundlich unter Unserer Höchsteigenhändigen Unterschrift und beigedrucktem Königlichen Insiegel.

Gegeben Hauptquartier Ferrières, den 8. März 1871.

(L. S.) **Wilhelm.**

Gr. v. Itzenplitz. v. Mühler. v. Selchow.
Gr. zu Eulenburg. Leonhardt. Camphausen.

---

c.

Instruktion

zum

Gesetze vom 8. März 1871, betreffend die Ausführung des Bundesgesetzes über den Unterstützungswohnsitz,

vom 10. April 1871.

(Verwaltungs=Ministerial=Blatt 1871. S. 132.)

Das Ausführungsgesetz vom 8. März 1871 schließt sich in seiner Anordnung thunlichst derjenigen des Bundesgesetzes über den Unterstützungswohnsitz an, — soweit das letztere der Landesgesetzgebung überhaupt einen Spielraum offen läßt, oder eine Ergänzung durch das Landesgesetz erheischt.

Das Bundesgesetz stellt in dem § 1. den Grundsatz hin, daß jeder Norddeutsche (d. h. jeder Deutsche, welcher dem Geltungsbereiche des Bundesgesetzes angehört) in allen durch das gedachte Gesetz geregelten Beziehungen, in jedem Bundesstaate als Inländer zu behandeln ist, während demnächst der § 8. die nähere Bestimmung über die Art und das Maß der im Falle der Hülfsbedürftigkeit zu gewährenden öffentlichen Unterstützung der Landes=

gesetzgebung überträgt. Im Anschlusse hieran regelt der § 1. des Ausführungsgesetzes, soweit ein Bedürfniß dazu vorliegt, den Umfang der Unterstützungspflicht.

Die §§ 2. bis 8. des Bundesgesetzes handeln von den Organen der öffentlichen Unterstützung Hülfsbedürftiger und stellen die Grundsätze auf, nach denen in allen Bundesstaaten Orts-Armenverbände und Land-Armenverbände gebildet werden sollen. Diesen Paragraphen entsprechen die §§ 2. bis 30. des Ausführungsgesetzes, welche in den §§ 2. bis 25. von der Organisation der Orts-Armenverbände:

(§§ 2.—6. Gemeinden.
§§ 7., 8. Gutsbezirke.
§§ 9.—15. Gesammt-Armenverbände.
§§ 16.—18. Umwandlung der dem Bundesgesetz nicht entsprechenden Orts-Armenverbände.
§§ 19.—24. Aufhebung der neben den Gemeinde-Behörden bestehenden örtlichen Armenbehörden.
§§ 25. Aufsichtsrecht der Staatsregierung)

und in den §§ 26. bis 30. von der Organisation der Land-Armenverbände handeln.

Die §§ 9. bis 27. des Bundesgesetzes enthalten die, der Landesgesetzgebung unbedingt derogirenden, für sich erschöpfenden Vorschriften über den Erwerb und Verlust des Unterstützungswohnsitzes.

Die §§ 28. bis 33. des Bundesgesetzes handeln von den Pflichten und Rechten der Armenverbände; sie regeln insbesondere die gegenseitige Pflicht der Armenverbände zur Erstattung vorläufig aufgewendeter Unterstützungskosten und zur Uebernahme der Hülfsbedürftigen. Die §§ 31. bis 39. des Ausführungsgesetzes ergänzen, soweit zulässig, diese Bestimmungen des Bundesgesetzes; sie schließen sich dabei überdies an § 8. des letzteren an, welcher der Landesgesetzgebung die Bestimmung darüber anheim giebt, in welchen Fällen und in welcher Weise den Orts-Armenverbänden von den Land-Armenverbänden eine Beihülfe zu gewähren ist, sowie darüber, ob und wiefern die Land-Armenverbände sich der Orts-Armenverbände als ihrer Organe behufs der öffentlichen Unterstützung Hülfsbedürftiger bedienen dürfen

Die §§ 34. bis 59. des Bundesgesetzes treffen die, von der Landesgesetzgebung zu ergänzenden Bestimmungen über das Verfahren in Streitigkeiten der Armenverbände; denselben entsprechen die §§ 40. bis 63. des Ausführungsgesetzes.

Der § 60. des Bundesgesetzes handelt von der Unterstützung hülfsbedürftiger Ausländer; demselben entspricht der § 64. des Ausführungsgesetzes.

Den §§ 61. bis 64. des Bundesgesetzes, handelnd von dem Verhältniß der Armenverbände gegen anderweitig Verpflichtete, entsprechen die §§ 65. bis 68. des Ausführungsgesetzes.

Der § 65. des Bundesgesetzes sowie die §§ 69. bis 74. des Ausführungsgesetzes enthalten die Schluß- rc. Bestimmungen.

Umfang der Unterstützungspflicht.

(§ 1.)

§ 1. Absatz 1. Es ist, wie schon in den Motiven zur Regierungsvorlage bemerkt ist, darauf verzichtet worden, in Bezug auf das Maß der einem Hülfsbedürftigen zu gewährenden Unterstützung speziellere Vorschriften instruirenden Inhalts, wie sie hier und da in Armenordnungen enthalten sind, zu geben. Eine derartige Spezialisirung ruft bei einem Gegenstande, wie der vorliegende, in der Regel mehr Zweifel in's Leben, als sie zu lösen geeignet sein kann. Auch das Wort „Obdach" war in der Regierungsvorlage nicht enthalten, weil das zu gewährende Obdach als unter dem „unentbehrlichen Lebensunterhalt" ohne Weiteres mitbegriffen betrachtet wurde. Es bedarf nicht erst der Bemerkung, daß unter dem Lebensunterhalt nicht nur die erforderliche Nahrung, sondern alle sonstigen zur Existenz eines Menschen unentbehrlichen Gegenstände, — Kleidung, Heizung u. s. w. ebenso wie das Obdach mit zu verstehen sind.

Absatz 2 des § 1. ist hinzugefügt worden, um jeden Zweifel darüber auszuschließen, daß die Armenpflege, nach wie vor, auch mittels Anweisung des Obdaches in Armenhäusern, mittels Unterbringung des hülfsbedürftigen Kranken in einem Krankenhause, mittels Anweisung angemessener, den Kräften entsprechender und — wie sich von selbst versteht — zur Beschaffung des Lebensunterhaltes geeigneter Arbeiten gewährt werden kann.

Von dieser Befugniß sollen die Armenverbände jedoch nur „geeigneten Falles" Gebrauch machen. Die öffentliche Armenpflege darf neben der nöthigen Strenge — deren Mangel allerdings erfahrungsmäßig zur Demoralisation der Armenbevölkerung führt — auch der auf den einzelnen Fall Rücksicht nehmenden Humanität nicht entbehren. Statt der Gewährung von Unterstützungen in Geld, Lebensmitteln, Brennmaterialien ꝛc. wird daher die Unterbringung in öffentlichen Armenhäusern ꝛc. auch in Zukunft keineswegs die ein für alle Mal zu befolgende Regel bilden dürfen. Nur das verständige Ermessen kann, je nach Lage des Falles, darüber die Richtschnur an die Hand geben, welcher Modus als der zweckentsprechende, beiden Rücksichten die gebührende Rechnung tragende anzusehen ist.

Zu Absatz 1 und 2 ist zu bemerken, daß das Gesetz im § 63. der Aufsichtsbehörde, und zwar in letzter Instanz der Deputation für das Heimathwesen, die Entscheidung über alle Beschwerden zuweist, welche die Höhe und welche die Art und Weise einer zu gewährenden Armenunterstützung zu ihrem Gegenstande haben.

Die Unterbringung in einem Armenhause, sowie die Anweisung von Arbeiten darf ferner, wie Absatz 2 besonders hervorhebt, nur so lange stattfinden, als die Unterstützung in Anspruch genommen wird. Wider seinen Willen darf daher im Verwaltungswege derjenige, der die Armenpflege in Anspruch nimmt, in einem Armenhause nicht untergebracht resp. festgehalten werden; es ist ihm vielmehr — vorbehaltlich der Beschwerde an die Aufsichtsbehörde, lediglich zu überlassen, entweder auf die Unterstützung überhaupt zu verzichten oder sich mit derjenigen Art und Weise, in welcher sie ihm, der Bestimmung in Absatz 2 gemäß, angeboten wird, zu begnügen. Fällt ihm in seinem desfallsigen Verhalten ein dem Armenverbande zur Beschwerde gereichendes Verschulden zur Last, so erübrigt nur seine strafrechtliche Verfolgung auf Grund der §§ 361. unter 5, 7, 8 und 362. des

Strafgesetzbuches für den Norddeutschen Bund. Bestimmungen wie die der Art. 11 ff. des Ges. vom 21. Mai 1855 (Ges.=S. S. 311), wonach Obdachlosen, Arbeitsscheuen oder solchen Personen, welche ihre Angehörigen pflichtvergessener Weise im Stich lassen, von den Verwaltungsbehörden zwangsweise der Aufenthalt in einer Arbeitsanstalt angewiesen werden konnte, haben in dem Gesetz keine Aufnahme gefunden. Bestimmungen solcher Art würden mit dem Strafgesetzbuche nicht im Einklange stehen, indem das letztere in den allegirten Paragraphen resp. in den eben erwähnten Fällen die Befugniß der Verwaltungsbehörde zur zwangsweisen Unterbringung in einer Arbeitsanstalt von einem hierauf gerichteten ausdrücklichen Ausspruch des Gerichtes abhängig macht. In Konsequenz dessen hat der § 74. des Gesetzes unter 1 b. hinter den Worten: „das Gesetz ꝛc. vom 21. Mai 1855 ꝛc." den Zusatz erhalten:

soweit dasselbe zur Zeit noch Gültigkeit hat,

womit darauf hat hingewiesen werden sollen, daß die in Rede stehenden Art. 11 ff. nicht erst mit dem 1. Juli d. J. außer Kraft treten, sondern daß dieselben vielmehr schon vom 1. Januar d. J. ab durch das Strafgesetzbuch außer Wirksamkeit gesetzt worden sind.

Der Absatz 3 des § 1 motivirt sich durch die Erwägung, daß das Gesetz nur die Regelung der bürgerlichen Armenpflege zu seinem Gegenstande hat; er korrespondirt mit dem § 6. des Bundesgesetzes vom 6. Juni 1870, wonach die Armenverbände ohne Rücksicht auf das Glaubensbekenntniß ihrer Angehörigen organisirt werden sollen; er giebt dem Gedanken Ausdruck, daß die Für=

sorge für die religiösen Bedürfnisse eines Armen oder seiner Angehörigen einem anderen als dem Gebiete derjenigen Armenpflege anheimfällt, welche von den politischen Gemeinden zu üben ist und nöthigenfalls von ihnen erzwungen werden kann.

Eine Schlußbestimmung war dem § 1. in der Vorlage der Staats-Regierung hinzugefügt worden, welche dahin lautete:

> Wegen Nichtentrichtung von Schul- und sonstigen öffentlichen Abgaben sind die Gemeinden (Gutsbezirke) zur Abweisung eines neu Anziehenden nicht befugt; den öffentlichen Volksschulen bleiben bis zur anderweitigen gesetzlichen Regulirung der Schul-Unterhaltungslast ihre Ansprüche gegen diejenigen vorbehalten, welche nach besonderen Bestimmungen verpflichtet sind, ihnen für die Ausfälle an unbeibringlichem Schulgeld aufzukommen.

Dieser Vorschlag hat nicht die Zustimmung sämmtlicher Faktoren der Gesetzgebung erhalten, woraus jedoch nicht folgt, daß mit dem Wegfall der gedachten Bestimmung das Gegentheil desjenigen Rechtens geworden sei, was vermöge derselben ausgesprochen werden sollte. Es ist schon bisher stets, — jedenfalls soweit eine Streitfrage solcher Art zur Entscheidung an die höchste Verwaltungsinstanz gelangte — daran festgehalten worden, daß Rückstände an Schul- und sonstigen öffentlichen Abgaben nicht als Beweis für einen Zustand der Verarmung zu betrachten sind, der die Ausweisung eines neu Anziehenden (d. h. eines solchen, der in der betreffenden Gemeinde einen Unterstützungswohnsitz noch nicht erworben hat) rechtfertigen könnte. Das Bundesgesetz über die Freizügigkeit vom 1. November 1867 gestattet die Abweisung eines neu Anziehenden nur dann, wenn die Gemeinde nachweisen kann, daß derselbe nicht hinreichende Kräfte besitzt, um sich und seinen Angehörigen den nothdürftigen Lebensunterhalt zu verschaffen; die Unfähigkeit, der aus dem öffentlichen Recht entspringenden Verpflichtung zur Zahlung einer Geldsumme zu genügen, kann aber nicht als ein Mangel an dem nothdürftigen Lebensunterhalt aufgefaßt werden. Da hiernach die in Rede stehende Bestimmung nichts Neues einführen, vielmehr nur das bestehende Recht über jeden Zweifel stellen sollte, so wird an dem letzteren auch durch ihre Beseitigung nichts geändert, — wie dies denn überdies im Laufe der Landtags-Verhandlungen von den Vertretern der Staats-Regierung ausdrücklich betont worden ist.

Organe der öffentlichen Unterstützung Hülfsbedürftiger.

A. Ortsarmenverbände.

a. Gemeinden.

(§§ 2—6.)

§ 2. Nach § 3. des Bundesgesetzes sind die Ortsarmenverbände durchweg auf den Verband der Gemeinden resp. der Gutsbezirke zu begründen; sie sind nach § 4. ebendort räumlich und zwar dergestalt abzugrenzen, daß jedes Grundstück einem Ortsarmenverbande, d. h. nach Vorstehendem einer Gemeinde oder einem Gutsbezirke, angehört oder selbstständig für sich einen solchen bildet. Ein Ortsarmenverband kann aus einer oder aus mehreren Gemeinden resp. Gutsbezirken bestehen. Die zu einem Ortsarmenverbande vereinigten Gemeinden resp. Gutsbezirke gelten in Ansehung der durch Bundesgesetz geregelten Verhältnisse als eine Einheit. Wer also in einem, aus mehreren Gemeinden resp. Gutsbezirken zusammengesetzten „Gesammt-Armenverbande" nach zurückgelegtem vierundzwanzigsten Lebensjahre (§ 10. des Bundesgesetzes) — sei es in einer und derselben Gemeinde zc., sei es abwechselnd in verschiedenen zu demselben Gesammtarmenverbande gehörigen Gemeinden zc. — zwei Jahre lang ununterbrochen seinen gewöhnlichen Aufenthalt gehabt hat, erwirbt dadurch in dem Gesammtarmenverbande den Unterstützungswohnsitz.

Das Ausführungsgesetz hat davon abgesehen — vorbehaltlich der weiter unten zu erwähnenden Spezialvorschriften — die Bildung von Gesammtarmenverbänden irgendwo im Zwangswege vorzuschreiben. Es hält nur die bereits bestehenden Verbände dieser Art aufrecht und überläßt deren weitere Bildung der freien, gegenseitigen Vereinbarung. Dem gemäß spricht der § 2. als Regel den Satz aus, daß jede Gemeinde für sich einen Ortsarmenverband bildet, sofern sie nicht einem Gesammtarmenverbande schon angehört oder nach den folgenden Bestimmungen einzuverleiben ist. Dieser Regel und dem Geiste des Bundesgesetzes entsprechend, ordnet der § 2. ferner an, daß in den Gemeindebezirken fortan die Verwaltung der öffentlichen Armenpflege überall den ordentlichen Gemeindebehörden zustehen und nach Maßgabe der Gemeindegesetze geführt werden soll. Im weiteren Verlaufe des Gesetzes wird als Konsequenz hiervon die Umbildung resp. Aufhebung der, auf den Verband der Gemeinden 2c. nicht begründeten Ortsarmenverbände, sowie der, in den Gemeinden hier und da für die Verwaltung der öffentlichen Armenpflege neben den ordentlichen Gemeindebehörden bestehenden besonderen Armenbehörden verfügt.

§ 3. Um in allen Landestheilen die Handhabe für eine möglichst zweckmäßige Verwaltung der Gemeindearmenpflege zu gewähren, hat es nöthig geschienen, hier und in den unmittelbar folgenden Paragraphen einige dabei vor allem in Betracht kommende Punkte, soviel den Gegenstand dieses Gesetzes betrifft, einer generellen Regelung, selbst unter theilweiser Modifizirung der geltenden Gemeinde-Verfassungsgesetze, zu unterwerfen. Es fehlt in diesen Gesetzen hier und da an Bestimmungen, durch welche den Gemeinden die Befugniß gegeben wird, für einzelne Zweige der Gemeindeverwaltung besondere Deputationen zu bilden, in denen — außer den Mitgliedern des Gemeindevorstandes und der Gemeindevertretung — auch anderen Ortseinwohnern ein Feld der Wirksamkeit eröffnet werden kann. Dringend bedurfte diese Lücke der Ausfüllung für das Gebiet der öffentlichen Armenpflege, deren wirksame Uebung, wenigstens in größeren Gemeinden, die Heranziehung möglichst vieler, auch unbesoldeter Kräfte, zur nothwendigen Voraussetzung hat. Die in dem § 3. dieserhalb gegebenen Vorschriften schließen sich thunlichst den einschlagenden, bewährten Bestimmungen der in den älteren Landestheilen geltenden Städte-Ordnungen an. Die Wählbarkeit in

Deputationen der hier in Rede stehenden Art ist jedoch nicht, wie in jenen Städte-Ordnungen, auf stimmfähige Bürger beschränkt, sondern auf alle Ortseinwohner ohne Unterschied ausgedehnt worden. Es hat bei dieser Aenderung unter anderem — wie bei der Bestimmung im Schlußabsatz des § 3. — das Motiv zum Grunde gelegen, bezüglich der Armendeputationen die Wählbarkeit der Ortspfarrer, falls sie etwa der Eigenschaft als stimmfähige Bürger entbehren sollten, unter allen Umständen zu sichern.

Für den Gegenstand dieses Gesetzes wird fortan, nach § 3., die Bestimmung darüber, ob eine Deputation aus Mitgliedern des Gemeindevorstandes und der Gemeindevertretung, geeigneten Falles unter Zuziehung anderer Ortseinwohner, gebildet werden soll, durch Gemeindebeschluß getroffen und die Wahl der in eine solche Deputation zu entsendenden Gemeindevertreter 2c. erfolgt durch die Gemeindevertretung selbst; — einer Genehmigung der Aufsichtsbehörde bedarf es für eine solche Einrichtung nicht. Hierdurch erfährt unter anderem der § 85. der Rheinischen Landgemeinde-Ordnung vom 23. Juli 1845 eine wesentliche Abänderung.

§ 4. 5. Nicht minder lag das Bedürfniß vor, den zur Theilnahme an den Gemeindewahlen berechtigten Gemeindemitgliedern überall, — in ähnlicher Weise wie in den zu § 3. gedachten Städte-Ordnungen, — die Verpflichtung zur Uebernahme von unbesoldeten Stellen in der Gemeinde-Armenverwaltung aufzuerlegen und die Nichterfüllung dieser Verpflichtung mit pekuniären und sonstigen Rechtsnachtheilen zu bedrohen. Von den, durch jene Städte-Ordnungen anerkannten Befreiungsgründen hat hier jedoch, soviel die Gemeinde-Armenverwaltung betrifft, **ärztliche oder wundärztliche Praxis** keine Aufnahme gefunden, weil es zweckmäßig erschien, wenigstens auf diesem Gebiete die Möglichkeit zu erhalten, auch Aerzte und Wundärzte zu unbesoldeten Gemeindeämtern mit heran zu ziehen.

§ 6. In einigen Landestheilen sind schon jetzt nach den dort geltenden gesetzlichen Bestimmungen die Verwalter von Armenfonds verpflichtet, den Gemeindebehörden auf Erfordern Auskunft über den Betrag der von ihnen aus solchen Fonds gewährten Unterstützungen zu ertheilen. Es ist dies der Fall

in Schleswig-Holstein nach § 42. der Armen-Ordnung vom 29. Dezember 1841 (Schl.-Holsteinische Ges.-S. S. 267), — in der Provinz Westphalen nach § 30. der Allerh. Verordnung vom 15. Dezember 1820 (Münstersches Amtsblatt Nr. 7), — in den Landestheilen, welche früher eine Zeit lang zum Großherzogthum Berg gehört haben, nach den Allerh. Ordres vom 21. Mai 1823 und 10. September 1824 (Düsseldorfer Amtsblatt von 1825. S. 633).

In den anderen Landestheilen hat sich das Nichtvorhandensein ähnlicher Vorschriften vielfach als ein empfindlicher Mangel herausgestellt. Es fehlt den Verwaltern der öffentlichen Armenpflege da, wo solche Vorschriften nicht bestehen, an ausreichenden Kontrolmitteln, um zu verhindern, daß die Armengelder der Gemeinde auch von solchen in Anspruch genommen werden, welche die erforderliche Unterstützung bereits aus anderen Fonds beziehen. Die Bestimmung des § 6. soll diesem Mangel Abhülfe verschaffen; es wird gleichwohl darüber zu wachen sein, daß von derselben kein, über das Bedürfniß hinausgehender, lediglich zur Belästigung gereichender Gebrauch gemacht werde. Die Gemeindebehörden sind nach der Fassung des § 6. nicht berechtigt, von den Stiftungsvorständen 2c. fortlaufende vollständige Listen über die aus Armenfonds gewährten Spenden zu erfordern; die Verpflichtung der gedachten Vorstände erstreckt sich vielmehr nur auf eine, in jedem Spezialfall besonders von ihnen zu erfordernde Auskunftertheilung. Es ist überdies darauf aufmerksam zu machen, daß absichtlich, — um nicht in das Gebiet der freien Privatwohlthätigkeit einzugreifen, die in Rede stehende Verpflichtung nur den Vorstehern von Korporationen und anderen juristischen Personen auferlegt worden ist, so daß jede ausdehnende Anwendung der betreffenden Eingangsworte des § 6. für ausgeschlossen zu gelten hat. Die am Schluß des Paragraphen eventuell angedrohte Strafe ist keine von den Aufsichtsbehörden zu verhängende Exekutivstrafe; es ist auf dieselbe vielmehr von den Gerichten im geordneten Strafverfahren zu erkennen.

b. Gutsbezirke.

(§§ 7, 8.)

§ 7. Aus den, bei § 2. in Bezug genommenen Vorschriften des Bundesgesetzes folgt mit Nothwendigkeit die hier ausgesprochene Gleichstellung der Gutsbezirke (soviel den Gegenstand dieses Gesetzes betrifft) mit den Gemeinden.

Nicht minder folgt aus jenen Bestimmungen, — ohne daß es darüber hier eines besonderen Ausspruches bedurfte — daß alle einer Gemeinde noch nicht einverleibten, zur Anerkennung als eigene Gutsbezirke nicht geeigneten Grundstücke nunmehr einer Gemeinde (oder einem Gutsbezirke, sofern solches nach den Gesetzen des betreffenden Landestheiles zulässig und zugleich zweckmäßig ist) einverleibt werden müssen. Wegen dieses Punktes ist an die Königl. Ober-Präsidien der sechs östlichen Provinzen die als Anlage A beigefügte Verfügung vom 1. März d. J. und an die Königl. Regierung zu Cassel die als Anlage B beigefügte Verfügung vom 26. Februar d. J. erlassen worden.

§ 8. Die in Absatz 1 als die Regel ausgesprochene Verpflichtung der Gutsbesitzer zur Uebernahme der Kosten der öffentlichen Armenpflege in den Gutsbezirken findet sich in den Gesetzgebungen der einzelnen Landestheile — soweit dieselben die Ausschließung von Gutsbezirken aus dem Gemeindeverbande überhaupt zulassen und soweit sie zugleich die öffentliche Armenpflege als eine Last der politischen Gemeinde bezeichnen — meist schon ausdrücklich ausgesprochen.

Eine Ausnahmebestimmung ist in Absatz 2 mit Rücksicht auf solche, in der Praxis nicht gerade selten vorkommende Fälle getroffen worden, in denen als Folge Statt gehabter Parzellirungen die Bezeichnung als Gutsbezirk auf einen Komplex von Grundstücken nur noch uneigentlicher Weise zur Anwendung gebracht werden kann,

— Fälle in denen aber trotzdem die Bildung einer eigenen Gemeinde aus den Trennstücken oder deren Vereinigung mit einer benachbarten Gemeinde noch nicht indizirt oder doch mit schwer zu überwindenden Schwierigkeiten verknüpft ist. Nach der, in den sechs östlichen Provinzen so wie in den Provinzen Schleswig-Holstein und Westphalen geltenden Gesetzgebung scheidet ein Grundstück dadurch, daß es aufhört, dem Gutsbesitzer als Eigenthum zu gehören, nicht ohne Weiteres aus dem Gutsbezirke aus; auch kann dort ein dem Gutsbesitzer nicht eigenthümlich zugehöriges Grundstück dem Gutsbezirke, unter Umständen auch ohne die Zustimmung des Gutsbesitzers, zugeschlagen werden. In Folge dessen wird der „Gutsbesitzer" hier und da für die Kosten der Armenpflege in einem Bezirke verantwortlich gemacht, von dem ihm vielleicht nur noch eine geringfügige Waldparzelle oder ein ähnliches kaum nennenswerthes Objekt verblieben ist. Absatz 2 des § 8. verfügt nun, daß in allen Fällen, in denen ein (größerer oder geringerer) Theil des Gutsbezirks nicht im Eigenthum des Gutsbesitzers steht, der letztere die ausschließliche Verpflichtung zur Aufbringung der Kosten der Armenpflege ablehnen darf. Auf seinen Antrag — also nicht auf Antrag anderer Interessenten — sind alsdann die Verhältnisse des Gutsbezirkes, hinsichtlich der öffentlichen Armenpflege, anderweitig durch ein Statut zu regeln. Es sind entweder nur die sonst vorhandenen Grundbesitzer, oder, außer diesen, auch die sonstigen Einwohner des Gutsbezirks zu den Kosten der Armenpflege mit heran zu ziehen, und zwar unter analoger Anwendung der gesetzlichen Bestimmungen über die Vertheilung der Kommunallasten in den ländlichen Gemeinden. Den Grundbesitzern resp. Einwohnern ist eine (ihren Beiträgen) entsprechende Betheiligung bei der Verwaltung der Armenpflege einzuräumen. Das Statut, welches in allen Fällen der Bestätigung der Bezirks-Regierung unterliegt, wird von den Betheiligten vereinbart oder, in Ermangelung einer Vereinbarung, vom Kreistage erlassen. Eine Vereinbarung der Betheiligten wird nur dann als zu Stande gekommen betrachtet werden können, wenn alle zeitigen Grundbesitzer und — falls eine Heranziehung auch der übrigen Gutseinwohner Statt finden soll — alle zeitigen Einwohner ihr Einverständniß erklärt haben. Ist ein solches allseitiges Einverständniß nicht zu erzielen, so wird es namentlich auch Sache des Kreistages sein, darüber zu befinden, ob außer den Grundbesitzern auch die übrigen Einwohner des Gutsbezirks mit herangezogen werden sollen, da dem Gutsbesitzer das Recht, auch die Heranziehung der Nicht-Grundbesitzer zu verlangen, in Absatz 2 nicht ausdrücklich eingeräumt ist. Die Bestätigung wird den bezüglichen Beschlüssen resp. dem Statute, bei klarer und angemessener Fassung, nur in soweit versagt werden können, als etwa die gesetzlichen Bestimmungen über die Vertheilung der Kommunallasten in den ländlichen Gemeinden außer Acht gelassen sind oder die den Grundbesitzern resp. Einwohnern eingeräumte Betheiligung bei der Verwaltung der Armenpflege nicht als eine „entsprechende" anzuerkennen ist.

Eine besondere Bedeutung wird die Bestimmung in Absatz 2 in solchen Landestheilen gewinnen, wo — wie in der Provinz Schleswig-Holstein — die öffentliche Armenpflege bisher eine Last besonderer außerhalb des Gemeindeverbandes stehender Armen-Kommunen 2c. bildete und wo in Folge dessen also der Gutsbesitzer **als solcher** die betreffenden Kosten bisher überhaupt nicht zu tragen hatte. Auch in diesen Landestheilen wird aber die Ausnahmebestimmung des Absatz 2 immerhin nur dann dem Gutsbesitzer zu Statten kommen, wenn er nicht der alleinige Eigenthümer des gesammten Gutsbezirks ist; sind außer ihm keine Grundbesitzer im Gutsbezirke vorhanden, so tritt in allen Fällen die Regel des Absatz 1 ein und es findet eine Mitheranziehung sonstiger Gutseinwohner nicht ferner Statt.

c. Gesammtarmenverband.
(§§ 9—15.)

§ 9. erhält diejenigen bereits bestehenden Verbände von Gemeinden und Gutsbezirken (Gesammt-Armenverbände) aufrecht, welche in Beziehung auf den Erwerb des Unterstützungswohnsitzes (Wohnrechts) eine Einheit im Sinne des Bundesgesetzes bilden. Solche Verbände bestehen zur Zeit

1. in der Provinz Schlesien ausschließlich der Ober-Lausitz. Der § 1. des dort geltenden Edikts vom 14. Dezember 1747 (Korn's Edikten-Sammlung Bd. II S. 540) stellt die Vereinigung der Rittergüter und Gemeinden zu gemeinschaftlichen Armenverbänden als die gesetzliche Regel hin, (cfr. Urtheil des K. Ober-Tribunals vom 14. Oktober 1861. Entscheidungen Bd. 48 S. 432). Auf diese Schlesischen Gesammt-Armenverbände bezieht

sich wesentlich der § 7. des Gesetzes über die Verpflichtung zur Armenpflege vom 31. Dezember 1842 (Ges.=S. 1843 S. 8), welcher bestimmt:

„Wo Domänen und Rittergüter, welche nicht im Gemeindeverbande sich befinden, nach besonderer Verfassung oder in Folge freier Uebereinkunft mit Gemeinden zu einem gemeinschaftlichen Armenverbande vereinigt sind, ist ein solcher Verband in Beziehung auf die Armenpflege einer Gemeinde gleich zu achten.

Wo bisher in der Provinz Schlesien auf Grund des § 1. des Edikts von 1747 die Vereinigung von Rittergütern und Gemeinden zu gemeinschaftlichen Armenverbänden zu Stande gekommen ist, hat es hierbei nach § 9. des Ausführungsgesetzes sein Bewenden. Da aber im § 74. dieses Gesetzes unter 1 c der § 1. des Edikts vom 14. Dezember 1747 zur Aufhebung gebracht ist, „vorbehaltlich der Bestimmungen des § 9. des gegenwärtigen Gesetzes," so findet im übrigen fortan, auch in der Provinz Schlesien, ein Zwang zur Bildung von Gesammt=Armenverbänden nicht mehr Statt; wo also bis jetzt die Schlesischen Rittergüter ꝛc. und Gemeinden zu gemeinschaftlichen Armenverbänden nicht zusammengetreten sind, bleibt ihnen die Vereinbarung hierüber (cfr. § 12. des Ausführungsgesetzes) lediglich überlassen.

2. In der Provinz Hannover. Die gemäß § 85. des Hannoverschen Landgemeinde=Verfassungsgesetzes vom 28. April 1859 von dem Minister des Innern unter demselben Tage erlassene Instruktion (Hann. Ges. S. 393 ff., 409 ff.) gestattet den Landgemeinden resp. Gütern, im

Wege freier Vereinbarung zu Sammtgemeinden mit Einheit des Wohnrechts zusammen zu treten; in der Provinz Hannover tritt in soweit daher in Folge des Ausführungsgesetzes keine Aenderung ein.

3. In Neu-Vorpommern und Rügen. Hier sind herkömmlich stets die zu einem Kirchspiel vereinigten ländlichen Gemeinden und Gutsbezirke als einheitliche Gesammt-Armenverbände behandelt worden. Die Abgrenzung ländlicher Gemeindebezirke hat in Neu-Vorpommern und Rügen überhaupt erst in neuester Zeit (auf Grund des Gesetzes vom 14. April 1856, betreffend die Landgemeinde-Verfassungen in den sechs östlichen Provinzen) Statt gefunden und hat deshalb der § 1. des Armenpflegegesetzes vom 31. Dezember 1842, welcher für den gesammten damaligen Umfang der Monarchie bereits die politische Gemeinde als die Trägerin der bürgerlichen Armenpflegelast hinstellte, dort bisher nicht zur Anwendung kommen können. Gleichwohl findet sich auch gegenwärtig, nach Statt gehabter Abgränzung der Gemeindebezirke, die Verfassung der Kirchspiels-Armenverbände nicht überall auf den Verband der Gemeinden und Gutsbezirke begründet; insbesondere fallen die Grenzen der qu. Armenverbände nicht überall mit den Gemeinde- 2c. Grenzen zusammen. Es bleiben hiernach in Neu-Vorpommern und Rügen nur diejenigen — nicht bloß Eine Gemeinde- 2c. umfassenden — Kirchspiels-Armenverbände als Gesammt-Armenverbände bestehen, welche als Verbände von Gemeinden und Gutsbezirken (§ 9.) aufzufassen sind. Dagegen wird auf diejenigen Kirchspiels-Armenverbände, welche zwar thatsächlich meh-

rere Gemeinden oder Gutsbezirke umfassen, aber nicht als Verbände von Gemeinden 2c. anzusehen sind, der ihre Umbildung auf der Grundlage des Gemeindeverbandes anordnende § 16. des Ausführungsgesetzes zur Anwendung kommen.

Nähere gesetzliche Bestimmungen über die Verfassung der Gesammt=Armenverbände bestehen weder für die Provinzen Schlesien und Hannover, noch für Neu=Vorpommern und Rügen. Nur für die Schlesischen Gesammt=Armenverbände ist unterm 18. März 1869 (G.=S. S. 505) das Gesetz betreffend die Aufbringung der Kosten der örtlichen Armenpflege 2c. erlassen worden, welches Gesetz aber fortan nach § 74. unter 1 d des Ausführungsgesetzes ebenfalls außer Anwendung tritt.

Auch das Ausführungsgesetz überläßt die Regelung der Verfassung der Gesammt=Armenverbände vorbehaltlich der Bestimmung im Schlußsatze des § 11. überall dem Orts=Statut. Soweit nun in den bestehenden Gesammt=Armenverbänden diese ortsstatutarische Regelung bereits Statt gefunden hat — wie es in der Provinz Hannover und theilweise in Neu=Vorpommern und Rügen der Fall ist — soll es nach § 9. hierbei bewenden. Eine Aenderung der statutarischen Vorschriften kann durch verfassungsmäßigen Beschluß des betreffenden Gesammt=Armenverbandes mit Genehmigung der Bezirks=Regierung vorgenommen werden. Auch ohne Zustimmung des Verbandes kann eine Aenderung der statutarischen Vorschriften durch Beschluß des Kreistages (in der Provinz Hannover der Amtsvertretung) mit Genehmigung der Bezirks=Regierung herbeigeführt werden; von dieser Befugniß wird gleichwohl nur Gebrauch zu machen sein im Falle eines erheblichen Bedürfnisses und wenn in anderer Weise die Beseitigung besonders unzweckmäßiger, veralteter, unklarer rc. Normen nicht erreicht werden kann.

Liegt ein solcher Fall vor und wird demnach ohne zustimmenden Beschluß eines Gesammt-Armenverbandes die Verfassung desselben einer Aenderung unterworfen, so sind dabei nach § 9. überdies die Normativvorschriften zum Grunde zu legen, die im § 10. hinsichtlich derjenigen bereits bestehenden Gesammt-Armenverbände ertheilt werden, welche (wie die Gesammt-Armenverbände in Schlesien) überhaupt noch kein Orts-Statut besitzen. Diesen soll ein solches, wenn sich die betheiligten Gemeinden rc. nicht zu einigen vermögen, ebenfalls, nach Maßgabe jener Normativvorschriften, vom Kreistage unter Bestätigung der Bezirks-Regierung verliehen werden. In gleicher Weise soll — wie hier vorweg bemerkt wird — bei denjenigen Gesammt-Armenverbänden verfahren werden, deren Bildung der schon allegirte § 16. für einige Landestheile anordnet.

In allen hier so eben bemerkten Fällen wird auf das Zustandekommen einer gütlichen Einigung unter den Betheiligten, auf eine klare und einfache Fassung der Statuten hinzuwirken sein. Wünschenswerth erscheint es hierbei, daß wenigstens bezüglich der Bildung der Vertretung und des Vorstandes der Gesammt-Armenverbände die Normativvorschriften der Regel nach zum Anhalt genommen werden.

Hinsichtlich der Art der Kostenaufbringung in den

Gesammt-Armenverbänden wird Folgendes bemerkt. Der Vorschlag in der ursprünglichen Vorlage der Staats-Regierung, die Vertheilung der Kosten auf die einzelnen Gemeinden und Gutsbezirke lediglich nach der Grund- und Gebäudesteuer vorzunehmen, hat die Billigung der Landesvertretung nicht gefunden; nach der dem § 10. gegebenen Fassung kommen vielmehr, bei Berechnung des auf die Gemeinden ꝛc. fallenden Kontingents, neben den Realsteuern auch die persönlichen Steuern (die Klassen- und Einkommensteuer, sowie die halbe Gewerbesteuer) in Betracht. Als Folge dessen hat sich die Nothwendigkeit ergeben, in dem § 10. eine besondere Einschätzung der juristischen Personen ꝛc. sowie aller außerhalb des Bezirks des Gesammt-Armenverbandes wohnenden Personen auch von ihrem Einkommen aus dem innerhalb des qu. Bezirks belegenen Grundbesitz oder betriebenen Gewerbe anzuordnen. Es würde sich anderen Falles eine ungleichmäßige Belastung der Gemeinden resp. der Gutsbezirke überall da ergeben haben, wo der Gutsbezirk sich im Eigenthume einer auswärts wohnenden physischen oder einer juristischen Person ꝛc. befindet. Andererseits ist nicht zu verkennen, daß eine solche besondere Einschätzung der vorgedachten Personen und die danach Statt findende Berechnung des auf die einzelnen Gemeinden und Gutsbezirke zu vertheilenden Kontingents unter Umständen wiederum gerade den Gemeinden zur Beeinträchtigung gereichen kann. Wenn nämlich in einem Gemeindebezirke von auswärts wohnenden physischen oder von juristischen Personen ꝛc. Grundstücke besessen oder Gewerbe betrieben werden, so erhöhet sich das Kontingent der betreffenden Gemeinde nach Verhältniß des aus solchem Grundbesitz oder Gewerbebetrieb fließenden Einkommens; gleichwohl aber wird die Gemeinde, nach Lage der Gesetzgebung über die Verfassung der Landgemeinden (cfr. den Schlußsatz des § 10.), meistentheils die qu. Grundbesitzer und Gewerbetreibenden nicht zu einer Kommunal-Einkommensteuer, sondern nur mit Zuschlägen zur Grund-, Gebäude- und eventuell zur Gewerbesteuer heran zu ziehen vermögen; sie befindet sich alsdann also nicht im Stande, das ihr lediglich mit Rücksicht auf das Einkommen jener Grundbesitzer zc. zur Last Gelegte auf die letzteren in entsprechender Weise wiederum abzuwälzen. Ueberall, wo eine derartige Unzuträglichkeit sich voraussichtlich herausstellen könnte, wird daher vor allem eine, den örtlichen Verhältnissen Rechnung tragende freie Vereinbarung der Gemeinden zc. zu erstreben sein.

§ 11. Wenn auch das Ausführungsgesetz im Allgemeinen die Einrichtung von Gesammt-Armenverbänden der freien Vereinbarung der Gemeinden zc. überläßt, so ist doch davon ausgegangen worden, daß eine solche Einrichtung sich in mannigfacher Weise empfiehlt. Die Verbindung mehrerer kleiner resp. sehr kleiner Gemeinden, wie sie in manchen Landestheilen in großer Anzahl existiren, zu einem gemeinschaftlichen, eine Einheit in Beziehung auf den Erwerb des Unterstützungswohnsitzes darstellenden Verbande gewährt die Möglichkeit zur Herstellung einer besseren, intelligenteren Lokalverwaltung; sie erhöht die Prästationsfähigkeit der Ortsarmenverbände; sie verringert die Zahl der Landarmen; sie gereicht zur Abschneidung mannigfacher, nicht selten minutiöser Streitigkeiten zwischen den Gemeinden über frühere Aufenthaltsverhältnisse der Hülfsbedürftigen. Der § 11. verleiht daher zunächst den Westphälischen Aemtern und den Rheinischen Bürgermeistereien, auf die er allein Bezug hat, die Befugniß, sich als Gesammtarmenverbände in dem vorstehend wiederholt hervorgehobenen Sinne des Bundesgesetzes zu konstituiren. Der betreffende Beschluß ist von der Amts= resp. Bürgermeisterei=Versammlung unter Zustimmung des Kreistages zu fassen; einer Zustimmung aller einzelnen Gemeinden ꝛc. bedarf er dagegen nicht. Auf die Verwaltung der Angelegenheiten der so konstituirten Gesammtarmenverbände kommen die einschlagenden Bestimmungen der Westphälischen, resp. der Rheinischen Landgemeinde=Ordnung ohne Weiteres zur Anwendung.

Wo die obwaltenden Verhältnisse es räthlich erscheinen lassen, wird es sich empfehlen, darauf hinzuwirken, daß von der hier in Rede stehenden Befugniß Gebrauch gemacht werde. Letzteres gilt nicht minder von dem

§ 12., betreffend die allen sonstigen Gemeinden ꝛc. ertheilte Befugniß, sich mittels gegenseitiger Vereinbarung als Gesammtarmenverbände zu konstituiren.

§§ 13—15 geben nur zu der Bemerkung Anlaß, daß die Wiederauflösung eines einmal bestehenden Gesammtarmenverbandes nicht zu fördern und ohne genügende Gründe nicht zu genehmigen ist.

d. Umwandlung und räumliche Begrenzung der, dem Bundesgesetze vom 6. Juni 1870 nicht entsprechenden Ortsarmenverbände. (§§ 16—18.)

§§ 16—18 beziehen sich auf die in Schleswig-Holstein, in Ostfriesland und zum Theil (cfr. zu § 9.) in Neu-Vorpommern und Rügen bestehenden, auf den Verband der Gemeinden und Gutsbezirke nicht begründeten und daher den Vorschriften des Bundesgesetzes nicht entsprechenden Armenkommunen 2c. Diese sollen durch die in § 18. erwähnten Kommissionen, auf der Grundlage des Gemeindeverbandes, in Orts-Armenverbände umgewandelt werden, und zwar in Gesammtarnenverbände, insoweit sie (thatsächlich) schon jetzt mehrere ganze Gemeinde- oder Gutsbezirke umfassen. Wegen dieses Gegenstandes ist an die betreffenden Provinzialbehörden unterm 2. März d. J. die als Anlage C beigefügte besondere Verfügung erlassen worden.

e. Aufzuhebende örtliche Armenbehörden. (§§ 19—24.)

Ebenso wie die, auf den Verband der Gemeinden 2c. nicht begründeten Ortsarmenverbände (Armenkommunen 2c.), sollen nach § 19 ff. die in einigen Landestheilen für die Verwaltung der örtlichen Armenpflege neben den ordentlichen Gemeindebehörden bestehenden besonderen Armenbehörden aufgehoben werden. Die Vorstände der, in ihrer gegenwärtigen Verfassung aufzulösenden Armenverbände fallen mit der Auflösung dieser letzteren von selbst hinweg. Die §§ 19 ff. beziehen sich nur auf solche Landestheile, in denen zwar die politische Gemeinde als solche den Ortsarmenverband bildet und zur Aufbringung der Kosten der öffentlichen Armenpflege verpflichtet ist, in denen aber gleichwohl die Verwaltung des bürgerlichen Armenpflegewesens und des bürgerlichen Armenvermögens nicht den ordentlichen, durch die Gemeinde-Verfassungsgesetze eingesetzten Gemeindebehörden zusteht. Vorwiegend kommt hierbei, wie auch im § 19. hervorgehoben wird, der Bezirk des Appellationsgerichtshofes zu Köln in Betracht, über dessen bezügliche Verhältnisse sich die, den Motiven der Regierungsvorlage beigefügte Denkschrift verbreitet. Alle Rechte und Pflichten der in dem gedachten Bezirke bestehenden Armen-Kommissionen 2c. sollen auf die ordentlichen Gemeindebehörden übergehen, mögen diese Rechte und Pflichten aus Gesetzen und Verordnungen oder aus anderen Titeln entspringen, — also einerseits alle Eigenthums- und Verwaltungsrechte, alle nach besonderen Titeln den Armenkommissionen zustehenden Aufsichtsrechte 2c., andererseits aber insbesondere auch die Pflicht zur stiftungsmäßigen Verwaltung des in den Händen der Armenkommissionen befindlich gewesenen Vermögens. In der rechtlichen Natur dieses Vermögens tritt eine Aenderung überall nicht ein, es wird demselben mittels der §§ 19 ff. nur ein anderer Verwalter bestellt; es wird dieses Vermögen nicht den Gemeinden zur freien Disposition überliefert, es behält vielmehr in demselben Maße wie bisher die Natur eines, den Zwecken der Wohlthätigkeit gewidmeten Stiftungsvermögens. Um allen hierauf sich beziehenden etwaigen Besorgnissen zu begegnen, ist im

§ 25. des Ausführungsgesetzes der Staats-Regierung nochmals speziell für die Fälle der §§ 19 ff. die Pflicht auferlegt worden, die stiftungsmäßige Verwendung des Armenvermögens zu überwachen. Jedenfalls wird sich in allen größeren Gemeinden das Bedürfniß ergeben, für die Verwaltung der bürgerlichen Armenpflege und des bürgerlichen Armenvermögens besondere Deputationen nach Maßgabe der §§ 3 ff. des Ausführungsgesetzes zu bestellen; in Folge dessen wird hier überall nur die Aenderung des bestehenden Zustandes eintreten, daß die durch Kooptation sich ergänzenden Armenkommissionen (vergl. die alleg. Denkschrift) durch gewählte Gemeinde-Deputationen ersetzt werden, — so wie die fernere Aenderung, daß das gegenwärtig sehr weit gehende Aufsichtsrecht der Staats-Regierung auf das, dem Bedürfniß entsprechende Maß zurückgeführt wird.

Es ist rechtzeitig dafür Sorge zu tragen, daß am 1. Juli d. J. der Uebergang der bisher von den Armenkommissionen wahrgenommenen Geschäfte unmittelbar auf die ordentlichen Gemeindebehörden (resp. Gemeinde-Armendeputationen) Statt finden könne.

Eine Regulirung der Verhältnisse, wie sie der § 23. vorsieht, dürfte im Bezirk des Kölner Appellationsgerichtshofes, wo es sich um eine räumliche Abgrenzung von neu zu bildenden Ortsarmenverbänden nicht handelt, nur insoweit zur Nothwendigkeit werden, als die Frage entstehen kann, ob einer an dem Armenvermögen betheiligten Außengemeinde zweckmäßiger Weise eine Abfindung resp. welche Abfindung zu gewähren oder ob eine gemeinschaftliche Verwaltung durch ein zu vereinbarendes, nöthigen

Falles vom Kreistage zu beschließendes Statut eingerichtet werden soll. Insoweit ist auch hier die bei §§ 16 ff. allegirte Verfügung vom 2. März d. J. für maßgebend zu erachten, und es werden daher die Verhandlungen überall, mittels Aufstellung eines erschöpfenden Regulirungsplanes, dergestalt vorzubereiten sein, daß den — voraussichtlich kreisweise — zu wählenden Kommissionen die Möglichkeit der rechtzeitigen Beendigung ihrer Arbeiten gegeben ist. Die Kreis-Landräthe sind unverzüglich mit der Feststellung der hiernach einer besonderen Regulirung bedürftigen Verhältnisse und mit der Einleitung der bezüglichen Verhandlungen zu beauftragen.

Die §§ 19 ff. beziehen sich gleichwohl nicht ausschließlich auf den Bezirk des Kölner Appellationsgerichtshofes. Sie kommen überall zur Anwendung, wo auf Grund eines Herkommens oder besonderer Verordnungen die bürgerliche Armenpflege in den Gemeindebezirken noch nicht den, durch die Gemeindeverfassungsgesetze angeordneten Gemeindebehörden übertragen ist. Es gilt dies namentlich auch von den ehemals Bayerischen Landestheilen, wo ebenfalls die politische Gemeinde den Ortsarmenverband bildet, während die Verwaltung der örtlichen Armenpflege, nach der Verordnung vom 17. November 1816, besonderen eigenthümlich komponirten Pflegschaftsräthen anvertraut ist. Für eine besondere Regulirung der Verhältnisse scheint es in diesen zuletzt erwähnten Landestheilen an einem Gegenstande zu fehlen, da, soviel bekannt, die Pflegschaftsräthe kein Vermögen verwalten, hinsichtlich dessen eine Auseinandersetzung zwischen mehreren Gemeinden nothwendig werden könnte.

f. Aufsichtsrecht der Staatsregierung.
(§ 25.)

§ 25. giebt zu weiteren besonderen Bemerkungen keinen Anlaß.

B. **Landarmenverbände.**
(§§ 26—30.)

§§ 26. 27. In Bezug auf die in Aussicht genommene anderweitige Abgrenzung einiger der bestehenden Landarmenverbände ist an die betreffenden Provinzialbehörden besondere Verfügung erlassen worden; desgleichen

§ 28. hinsichtlich der, sobald thunlich, überall zur Ausführung zu bringenden Uebertragung der eigenen Verwaltung des Landarmenwesens an die Organe der Landarmenverbände. Bis zum Erlaß der, zu dem Ende im § 28. vorgesehenen Allerhöchsten Verordnung bewendet es überall bei den zur Zeit bestehenden Verwaltungsvorschriften; event. würden vom 1. Juli d. J. ab die Bezirksregierungen zu Schleswig, Wiesbaden, Sigmaringen die Verwaltung des Landarmenwesens für die im § 26. unter 1, 4, 6 aufgeführten Landarmenverbände — bis zur Herstellung geeigneter Organe dieser Verbände — zu übernehmen haben (§ 71. des Ausführungsgesetzes).

§§ 29. 30. bestimmen den Maßstab, nach welchem vom 1. Juli d. J. resp. vom 1. Januar 1873 ab die zur Erfüllung der Verpflichtungen der Landarmenverbände aufzubringenden Kosten auf die Kreise 2c. vertheilt werden sollen, sofern nicht die Vertretung eines Landarmenverbandes mit Genehmigung der Ministerien eine andere Aufbringungsweise beschließt. Den Vertretungen der Landarmenverbände wird zeitig vor den betreffenden Terminen Gelegenheit gegeben werden, ihre etwaigen, hierauf bezüglichen Anträge zu stellen.

Nach § 29. bleibt den Vertretungen der Kreise 2c. die Beschlußfassung über die Aufbringung des, auf die letzteren vertheilten Kostenbetrages — nach Maßgabe der für die Beschlußfassung durch die Kreistage 2c. überhaupt geltenden organischen Bestimmungen — überlassen.

Pflichten und Rechte der Landarmenverbände. (§§ 31—39.)

§ 31. Innerhalb der hier gezogenen Grenzen sind fortan die Landarmenverbände kraft Gesetzes befugt, die Kosten einzelner besonderer Zweige der öffentlichen Armenpflege unmittelbar zu übernehmen, vorbehaltlich aller ihrer bereits bestehenden, auf besonderen gesetzlichen Bestimmungen oder Titeln beruhenden Verpflichtungen solcher Art.

Kreise oder Armenverbände, welche für einen der unmittelbar zu übernehmenden Zweige bis dahin in ausreichender Weise gesorgt haben, können nicht gegen ihren Willen verpflichtet werden, an der betreffenden Einrichtung des Landarmenverbandes Theil zu nehmen oder zu den Kosten derselben beizutragen. Die Entscheidung darüber, ob (bis dahin, wo ein Landarmenverband einen

Beschluß der in Rede stehenden Art faßt) ein Kreis= oder Armenverband für den betreffenden Zweig der öffentlichen Armenpflege (durch eigene Irrenhäuser 2c.) in ausreichender Weise gesorgt hat, wird, wenn nöthig, — da der § 31. hierüber nichts Besonderes bestimmt — von der Aufsichtsbehörde (§ 25.) zu treffen sein, welche nach den organischen Gesetzen über die Verfassung der Kreise und Gemeinden entstehenden Falles den Kreis oder Armenverband zur Erfüllung seiner Obliegenheiten anzuhalten hätte.

§ 32. Verbände von Gemeinden und Gutsbezirken zur Bestreitung einzelner besonderer Zweige der öffentlichen Armenpflege bestehen:

1. in der Provinz Hannover auf Grund des § 83. des Hannoverschen Landgemeinde=Verfassungsgesetzes und des § 9. der Ministerial=Instruktion vom 28. April 1859 (Hann. G.=S. S. 408, 410); nach diesen Bestimmungen können durch ministerielle Anordnung mehrere Gemeinden, nach Anhörung derselben und der Amtsversammlung, zu einem Verbande behufs Bestreitung der „außerordentlichen Armenlast (Irre, langwierige Krankheiten, Seuchen)“ vereinigt werden;

2. in den ehemals Bayerischen Landestheilen auf Grund des Art. 6. der Verordnung vom 17. November 1816 (Bayer. Ges.=Bl. S. 780), wonach jedes Land= und Herrschaftsgericht für seinen ganzen Umfang eine gemeinsame Bezirkspflege bilden soll, — unter anderem „zu dem Ende, daß solche Bedürfnisse, welche nicht blos örtlich sind, durch gemeinsame Kräfte bestritten werden.“

Die bereits bestehenden Verbände dieser Art bleiben

nach § 32. aufrecht erhalten; auf die statutarischen Vorschriften, durch welche ihre Verfassung geregelt ist, kommt das oben hinsichtlich der Statuten der Gesammtarmenverbände Gesagte zur Anwendung; die Bildung von Verbänden zur Bestreitung einzelner besonderer Zweige der öffentlichen Armenpflege ist ohne Zustimmung der betreffenden Gemeinden fortan nicht mehr zulässig.

§ 33. Nach Absatz 1. dieses Paragraphen kommt die Verpflichtung des Staates zur Bestreitung der Armenpflegekosten

a) bezüglich der Waisenkinder, sowie bezüglich der Unterstützung nicht prästationsfähiger Gemeinden in dem größeren Theile des Regierungsbezirks Wiesbaden, mit der im § 74. unter 5 c ausgesprochenen Maßgabe, —

b) bezüglich der unehelichen Kinder in einem Theile des Landdrosteibezirks Stade, — vom 1. Juli ab in Wegfall.

Nach Absatz 2. treten von demselben Tage ab die dort allegirten im ehemaligen Kurfürstenthum Hessen geltenden besonderen Bestimmungen über Aufbringung der Kosten der Waisen-Armenpflege außer Wirksamkeit.

§ 34, wonach die Landarmenverbände den Ortsarmenverbänden und umgekehrt die Ortsarmenverbände den Landarmenverbänden, — soweit es der Raum in den vorhandenen Landarmenhäusern gestattet — die ihrer Fürsorge anheimfallenden Personen gegen Entschädigung überweisen können, entspricht den §§ 15. und 16. des Armenpflegegesetzes vom 31. Dezember 1842. Bei der Anwendung dieser Bestimmungen wird das zu § 1. Absatz 2. Gesagte zu beachten sein, wonach bezüglich der Frage, ob die Verpflegung eines Hülfsbedürftigen in Armenhäusern bewirkt werden soll, stets auf die Lage des einzelnen Falles die gebührende Rücksicht zu nehmen ist.

§ 35. betrifft die Aufstellung von Tarifen für die Erstattungsforderungen der Armenverbände; dieserhalb ist besondere Verfügung an die Provinzialbehörden ergangen.

§ 36, Absatz 1. Ueber die, von den Landarmenverbänden den Ortsarmen zu gewährende Beihülfe entscheidet fortan die Deputation für das Heimathwesen, deren Sprengel der betreffende Ortsarmenverband angehört.

Absatz 2. Besondere, kleinere Verbände zur Unterstützung solcher Gemeinden, welche die Lasten der öffentlichen Armenpflege für sich allein nicht aufzubringen im Stande sind, bestehen im Regierungsbezirk Kassel

a) in den Kreisen Fulda, Hünfeld und Schlüchtern auf Grund der Instruktion vom 5. Dezember 1804 (General- oder Amtsarmenkassen, gebildet aus Strafgeldern, Zuschüssen der Gemeinden 2c.).

b) in den ehemals Bayerischen Landestheilen auf Grund des bereits bei § 32 allegirten Art. 6. der Verordnung vom 17. November 1816; die dort erwähnten Bezirks-Armenverbände sollen zugleich einzelnen dürftigen und mit Armen überladenen Gemeinden die nöthige Unterstützung gewähren.

Alle diese besonderen Verbände kommen, als entbehrlich neben den Landarmenverbänden, insoweit zur Aufhebung, als sie den hier angegebenen Zweck verfolgen.

Die, jedenfalls sehr einfache Regulirung der Verhältnisse (Vertheilung des vorhandenen, zu dem gedachten Zwecke bestimmten Vermögens) soll gemäß § 36. nach den Vorschriften der §§ 17. und 18, also durch besondere, nach den Beschlüssen der Provinzialvertretung (des Kommunal-Landtages) zu wählende Kommissionen bewirkt werden.

§ 37. betreffend die, auf Verlangen ausländischer Staatsbehörden aus dem Auslande zu übernehmenden Deutschen, entspricht im Wesentlichen dem Art. 2 des in den älteren Landestheilen zur Zeit geltenden Gesetzes vom 21. Mai 1855 (G.-S. S. 311); der, diesen Art. 2 modifizirende letzte Satz des § 37. trifft nähere Bestimmung für den Fall, daß der letzte Unterstützungswohnsitz einer solchen Person sich nicht ermitteln lassen sollte.

§ 38. regelt in gleichmäßiger Weise für den gesammten Umfang der Monarchie die Verpflichtung der Landarmenverbände zur Uebernahme der Kosten der Korrektions-Nachhaft (§ 361., Nr. 3—8 des Strafgesetzbuches für den Norddeutschen Bund).

Auch bezüglich der, „den polizeilichen Anordnungen zuwider gewerbsmäßig Unzucht treibenden Weibspersonen" fallen diese Kosten in Zukunft überall den Landarmenverbänden zur Last.

Andererseits übernimmt fortan der Staat die Kosten des Transports der zur Korrektions-Nachhaft verurtheilten Personen aus dem Gerichtsgefängniß in das Arbeitshaus, sowie die Kosten der behufs dieses Transports etwa zu gewährenden unentbehrlichen Bekleidung;

besondere Bestimmung wegen der Verrechnung dieser Kosten bleibt vorbehalten.

In Wegfall kommen diejenigen singulären Vorschriften, wonach bis jetzt in der Provinz Westphalen die Kosten der Korrektions=Nachhaft dem Landarmenverbande von der Wohnortsgemeinde, falls diese in der Provinz Westphalen liegt, zu erstatten sind; desgleichen diejenigen Vorschriften, auf Grund deren bisher im Regierungsbezirk Trier die Kosten der Korrektions=Nachhaft von dem Landarmenverbande nur insoweit zu tragen waren, als es sich um Bettler oder um solche Landstreicher handelte, welche zugleich gebettelt hatten.

§ 39. bringt die bisher bestehenden Verpflichtungen der Landarmenverbände der Kurmark und der Neumark zur Vollstreckung gerichtlich erkannter Gefängnißstrafen (bezüglich der im § 38. gedachten Personen) zur Aufhebung.

Verfahren in Streitsachen der Armenverbände. (§§ 40—63.)

§§ 40 ff. In Beziehung auf das Verfahren in Streitsachen der Armenverbände unterscheidet das Bundesgesetz, je nachdem die streitenden Verbände

a) verschiedenen Bundesstaaten,

b) demselben Bundesstaate

angehören. In den Fällen zu a. soll das Verfahren in der Vorinstanz resp. in den Vorinstanzen ein durch die Landesgesetzgebung näher zu regelndes administratives sein und die Entscheidung in letzter Instanz dem neu ins Leben gerufenen Bundesamte für das Heimath=

wesen zustehen. In den Fällen zu b. bleibt die Regelung des Verfahrens in der Vorinstanz und in der letzten Instanz der Landesgesetzgebung überlassen; die Landesgesetzgebung kann jedoch, auch für solche Fälle, das für die Fälle zu a. einzuführende vorinstanzliche administrative Verfahren vorschreiben und die Entscheidung letzter Instanz ebenfalls dem Bundesamte für das Heimathwesen übertragen.

Für das Gebiet der Preußischen Monarchie bedurfte das Verfahren in Streitsachen der Armenverbände unter allen Umständen einer neuen, gleichmäßigen Regelung. In einigen Landestheilen (Schleswig-Holstein, Hannover) ist nach der gegenwärtig geltenden Gesetzgebung der Rechtsweg in Armenstreitigkeiten durchaus ausgeschlossen. Im Geltungsbereiche des Armenpflege-Gesetzes vom 31. Dezember 1842 findet der Rechtsweg zwar insoweit Statt, als es sich um die Frage handelt, welcher von mehreren Armenverbänden im einzelnen Falle der verpflichtete ist; es ist aber auch über diese Frage vorab und ehe der Rechtsweg beschritten werden kann, durch ein provisorisch vollstreckbares Resolut der Landes-Polizeibehörde zu befinden. Ueber die rechtliche Natur dieses Resoluts, insbesondere darüber, ob es auf Abweisung des klagenden Armenverbandes lauten dürfe oder ob die Landes-Polizeibehörde, auf Anrufen eines betheiligten Armenverbandes, unter allen Umständen einen provisorisch zur Kostenerstattung anzuhaltenden Verband ermitteln müsse, bestehen erhebliche Zweifel, die kaum anders als im Wege des legislativen Einschreitens ohnehin zu erledigen gewesen sein würden.

Das Ausführungsgesetz ordnet nun für alle Streitsachen, in denen ein Preußischer Armenverband von einem Deutschen, d. h. von einem dem Geltungsbereiche des Bundesgesetzes angehörigen Armenverbande belangt wird, ein gleichmäßiges administratives Verfahren an und überträgt die Entscheidung letzter Instanz, unter Ausschluß des Rechtsweges, dem Bundesamte für das Heimathwesen. Für die Entscheidung in der — nicht weiter abgestuften — Vorinstanz ist ebenfalls eine neue Behörde, die Deputation für das Heimathwesen, geschaffen worden. Das Verfahren vor dieser Deputation ist, wie das Verfahren vor dem Bundesamte, ein mündliches und öffentliches. Außerdem aber soll in jedem Kreise, resp. in jeder, zu keinem Kreise gehörigen Stadt eine, auf Anrufen beider Theile zur schiedsrichterlichen Entscheidung und auf Anrufen Eines Theiles zur Anstellung eines Sühneversuches berufene besondere Kommission eingesetzt werden. Die Entscheidungen dieser Kommissionen, sowie die urkundlich von denselben festgestellten Einigungen sind nach § 62. im Verwaltungswege vollstreckbar. Das Verfahren vor denselben ist ein kostenfreies, während von den Deputationen für das Heimathwesen Pauschquanta im Maximalbetrage von 20 Thalern zu erheben sind.

In Beziehung auf die Einrichtung der für jede Provinz oder für einen oder mehrere Regierungs- 2c. Bezirke (§ 40.) einzusetzenden Deputationen, so wie in Beziehung auf die Ordnung ihres äußeren Geschäftsganges (§ 43.) wird das Nöthige besonders veranlaßt. Von den Königl. Regierungen 2c. ist dafür Sorge zu tragen, daß mit der Einrichtung der Kreis- 2c. Kommissionen von Seiten der Kreistage rechtzeitig vorgegangen werde, damit dieselben mit dem 1. Juli d. J. überall ihre Funktionen beginnen können. Es wird hierbei auf die im § 71. für den Regierungsbezirk Sigmaringen getroffenen Bestimmungen besonders aufmerksam gemacht. Die, durch die Kreis-Kommissionen entstehenden Kosten fallen selbstverständlich den Kreisen zur Last.

Ein im Laufe der Landtags-Verhandlungen gemachter Vorschlag, zu bestimmen, daß in jede Kreis-Kommission ein richterlicher Beamter gewählt werden müsse, hat keine Zustimmung gefunden, da es nicht für räthlich erachtet wurde, in dieser Beziehung dem freien Ermessen der Kreistage vorzugreifen; — die Kreistage werden aber zu erwägen haben, ob nicht, im Hinblick auf die zuweilen schwierige Beschaffenheit der zur Entscheidung kommenden Armenstreitigkeiten die Wahl jedenfalls auf Ein rechtskundiges Mitglied zu lenken sein möchte. Um sodann die an das qu. Institut sich knüpfenden Hoffnungen nach Möglichkeit der Verwirklichung entgegen zu führen, werden die betreffenden Behörden in jeder angemessenen Weise (unter Hinweisung auch auf die bei den Kommissionen Statt findende kostenfreie Behandlung der Sachen) darauf hinzuwirken haben, daß die sich erhebenden Armenstreitigkeiten durch Anrufung der Kreis-Kommissionen zur gütlichen resp. schiedsrichterlichen Erledigung gebracht werden.

Daß nach § 63. fortan die Deputationen für das Heimathwesen — nicht die Regierungen — auf die Beschwerden der Hülfsbedürftigen gegen die Vorstände der Orts-

Armenverbände, und zwar in letzter Instanz entscheiden, ist bereits bei § 1. bemerkt worden.

Für die Provinz Hannover wird auf § 71. Absatz 1. aufmerksam gemacht, wonach die rc. Kommissionen auch dort von den Kreistagen, nicht von den Amtsvertretungen, zu wählen sind.

Oeffentliche Unterstützung hülfsbedürftiger Ausländer.
(§ 64.)

§ 64. stellt in Beziehung auf den Gegenstand des Gesetzes jeden Ausländer den Deutschen, d. h. nach § 69. denjenigen gleich, welche dem Geltungsbereiche des Bundesgesetzes angehören; — gleichwohl wird hierdurch nach der Fassung des § 64. die hinsichtlich der Ausländer bestehende Ausweisungsbefugniß nicht berührt.

Verhältniß der Armenverbände zu anderweit Verpflichteten rc.
(§§ 65—68.)

§§ 65—67., wonach die nächsten Verwandten zur laufenden Unterstützung eines Hülfsbedürftigen, vorbehaltlich des Rechtsweges, im administrativen Exekutionswege angehalten werden können, entsprechen den bewährten Bestimmungen der Art. 6 ff. des Gesetzes vom 21. Mai 1855; — der Deputation für das Heimathwesen ist hinsichtlich der dabei entstehenden Streitigkeiten die im Verwaltungswege endgültige Entscheidung zweiter Instanz übertragen.

§ 68. Im Gegensatz zur laufenden Unterstützung, können bereits verausgabte Unterstützungskosten von Verwandten oder sonstigen Erstattungspflichtigen — abgesehen von den Armenverbänden selbst — nur im gerichtlichen Verfahren wieder eingezogen werden.

In der Regierungsvorlage (§ 72. daselbst) war hier ein zweiter und ein dritter Absatz folgenden Inhalts hinzugefügt worden:

Abs. 2: Gegen den unterstützten Hülfsbedürftigen und dessen alimentationspflichtige Verwandte steht den Armenverbänden wegen bereits verausgabter Unterstützungskosten ein Anspruch nur insoweit zu, als dieselben schon zur Zeit der Gewährung der Unterstützung dazu vermögend waren.

Abs. 3: Hinsichtlich des gesetzlichen Erbrechts in den Nachlaß eines unterstützten Hülfsbedürftigen bewendet es bei den gesetzlichen Bestimmungen.

Diese Vorschläge haben die Zustimmung der Landesvertretung nicht erhalten; Absatz 2 ist seines, nicht als annehmbar betrachteten Inhalts wegen, Absatz 3 demnächst aber als überflüssig beseitigt worden.

Ueber die Verpflichtung der Hülfsbedürftigen zu demnächstiger Erstattung der ihnen von den Armenverbänden gewährten Unterstützungen enthält die Schleswig-Holsteinsche Armen-Ordnung vom 29. Dezember 1841 in den §§ 26., 27., 30., 38., 39. sehr weit gehende, die Dispositionsfähigkeit, die Freizügigkeit, das Eheschließungsrecht der Unterstützten auf's Aeußerste beschränkende Bestimmungen. Weniger strenge disponirt das Nassauische Armengesetz vom 18. Dezember 1848 im § 20.,

daß die Armenanstalten einen Wiederersatz der geleisteten Unterstützung fordern können, insofern der Dürftige bei seinem Leben noch zu einem solchen Vermögensbesitze gelangt, daß er unbeschadet seiner bürgerlichen Existenz den Ersatz leisten kann oder insofern derselbe Vermögen hinterläßt und nicht dürftige Erben vorhanden sind, welche bei Entziehung des Nachlasses ebenwohl der Armenpflege anheimfallen würden.

Die Altpreußische Gesetzgebung enthält über die Frage keine ausdrückliche Bestimmung; jedoch ist in einem Spezialfalle vom Königl. Ober-Tribunal unterm 5. September 1845 (Entscheidungen Band 11 S. 410) dahin erkannt worden, daß dasjenige, was öffentliche, zur Unterstützung Hülfsbedürftiger verpflichtete Anstalten denselben gewähren, nicht als geschenkt anzusehen sei.

Nach dem Vorschlage der Staats-Regierung sollte die Erstattungspflicht auf solche Fälle beschränkt werden, in denen der Hülfsbedürftige (resp. seine alimentationspflichtigen Verwandten) schon zur Zeit der Gewährung der Unterstützung zur Erstattung vermögend waren. Diesem Vorschlage lag das Motiv zum Grunde, daß die rücksichtslose Geltendmachung der, nicht in solcher Weise begränzten Erstattungsforderungen der Armenverbände eine demoralisirende Wirkung äußern könne, — und zwar um deshalb, weil ein früher Unterstützter sehr leicht geneigt sein möchte, von jeder Anspannung seiner Arbeitskräfte zu abstrahiren, wenn er weiß, daß dasjenige, was er über das unbedingt Nothwendige hinaus erwirbt, nicht ihm und den Seinigen, sondern dem Armenverbande zu Gute kommt. Es war dabei gleichzeitig erwogen worden, daß die Fälle, in denen ein früher Hülfsbedürftiger durch Glücksfälle nachträglich zu einem namhaften Einkommen gelangen mag, zu selten seien, um bei Aufstellung einer gesetzlichen Regel in Rücksicht gezogen werden zu müssen.

Es ist, auch nachdem der gedachte Vorschlag der Staats-Regierung gefallen war, nicht für geboten gehalten worden, nunmehr, im Gegensatze zu demselben, im Gesetze ausdrücklich zu bestimmen, daß resp. mit welchen etwaigen Maßgaben der Hülfsbedürftige (resp. seine alimentationspflichtigen Verwandten) zur Erstattung der ihm gewährten Unterstützung verpflichtet sei. Es ist eben so auch nicht für angemessen gehalten worden, in Beziehung auf diesen Gegenstand in einzelnen Landestheilen besondere Vorschriften, wie die oben allegirten Schleswig-Holsteinischen und Nassauischen — von denen die ersteren überdies mit dem Bundesrechte nicht mehr im Einklange stehen — aufrecht zu erhalten. Es wurde darauf hingewiesen, wie im Geltungsbereiche des Armenpflegegesetzes vom 31. Dezember 1842 durch die Jurisprudenz des Ober-Tribunals auch ohne ausdrückliche gesetzliche Vorschrift, der Rechtssatz fixirt worden sei, daß der Hülfsbedürftige die ihm, in Erfüllung einer gesetzlichen Pflicht gewährte Unterstützung als einen, eventuell zu erstattenden Vorschuß zu betrachten habe. Es wurde endlich geltend gemacht, daß die Armenverbände durch ihr eigenes Interesse darauf hingeführt werden würden, von ihrem Rückforderungsrechte nicht in schroffer Weise einen Gebrauch zu machen, der den in solcher Weise Bedrängten alsbald wieder in den Zustand der Hülfsbedürftigkeit zurück versetzen müßte.

In diesem Sinne ist es daher aufzufassen, wenn der § 74. die allegirten Schleswig=Holsteinischen und Nassauischen Bestimmungen nicht aufrecht erhalten hat; es haben mittels der Beseitigung dieser Bestimmungen die betreffenden Landestheile nur, soviel hier in Betracht kommt, den übrigen Landestheilen, in denen die in Rede stehende Frage einfach der Jurisprudenz anheim gegeben ist, gleichgestellt werden sollen.

Dringend wird es sich aber empfehlen, soweit das Bedürfniß dazu hervortreten sollte, darauf hinzuwirken, daß die Armenverbände von dem, ihnen hiernach zustehenden Erstattungsrechte einen maßvollen Gebrauch machen.

Hinsichtlich des, nach Spezialgesetzen den Armenverbänden zustehenden Erbrechts tritt, dem oben Gesagten zufolge, eine Aenderung überall nicht ein.

Besondere Bestimmungen für einzelne Landestheile und Schlußbestimmungen. (§§ 69—74.)

§§ 69—74. scheinen einer besonderen weiteren Erläuterung nicht zu bedürfen.

Berlin, den 10. April 1871.

Der Minister des Innern.
Graf zu Eulenburg.

Anlage A.

Der § 4. des Bundesgesetzes über den Unterstützungswohnsitz vom 6. Juni 1870 schreibt vor, daß bis zum 1. Juli 1871 jedes Grundstück, welches noch zu keinem Orts-Armenverbande gehört, entweder einem angränzenden Orts-Armenverbande zugeschlagen oder selbstständig als Orts-Armenverband eingerichtet werden soll. Nach § 3. ebendort aber sind die Orts-Armenverbände überall auf den Verband der Gemeinden und Gutsbezirke zu begründen, dergestalt, daß die Orts-Armenverbände durchweg aus einer oder aus mehreren Gemeinden resp. Gutsbezirken zu bestehen haben. Jedes Grundstück muß hiernach, um der Vorschrift des Bundesgesetzes zu genügen, bis zum 1. Juli 1871 einer Gemeinde oder einem Gutsbezirke einverleibt werden.

Schon das Gesetz über die Verpflichtung zur Armenpflege vom 31. Dezember 1842 bestimmt im § 8., daß

> „einzelne Besitzungen, als: Mühlen, Krüge, Schmieden u. s. w., welche weder zu einer Gemeinde gehören noch auf Trennstücken von Domainen und Rittergütern angelegt sind, nach Anordnung der Landes-Polizeibehörde in Beziehung wie auf alle Kommunal-Verhältnisse, so auch auf die Armenpflege, mit einer Gemeinde vereinigt werden sollen."

Ebenso bestimmt ferner das Gesetz betreffend die Landgemeinde-Verfassungen in den sechs östlichen Provinzen vom 14. April 1856. im § 1:

> „Jedes Grundstück, welches bisher noch keinem Gemeinde- oder selbstständigen Gutsbezirke angehört hat, ist nach Vernehmung der Betheiligten und nach Anhörung des Kreistages durch den Ober-Präsidenten mit einem solchen Bezirke zu vereinigen. Eignet sich ein solches Grundstück nach seinem Umfange und seiner Leistungsfähigkeit zu einem besonderen Gemeinde- oder selbstständigen Gutsbezirke, so kann dasselbe mit Unserer Genehmigung dazu erklärt werden."

Das Bundesgesetz vom 6. Juni 1870 wiederholt hiernach in seiner Eingangs allegirten Bestimmung allerdings nur eine in der dortigen Provinz schon seit längerer Zeit zu Recht bestehende Vorschrift. Gleichwohl glaube ich bei Gelegenheit der Erörterungen, zu welchen Spezialfälle den Anlaß boten, die Wahrnehmung gemacht zu haben, daß diese Vorschrift ihre vollständige Ausführung noch nicht überall gefunden hat und daß im Gegentheil noch vielfach Grundstücke vorkommen, die einem Gemeinde- oder Gutsbezirke nicht angehören. Ew. Excellenz ersuche ich daher ganz ergebenst, gefälligst ungesäumt durch die Königlichen Regierungen resp. durch die Kreis-Landräthe alle Grundstücke der letzterwähnten Art ermitteln zu lassen und hinsichtlich derselben sodann gemäß den Bestimmungen des § 1. des Gesetzes vom 14. April 1856 verfahren zu wollen, event. aber die Einrichtung der qu. Grundstücke als besondere Gemeinde, oder selbstständige Gutsbezirke vorzubereiten und demnächst in Antrag zu bringen 2c.

Berlin, den 1. März 1871.

Der Minister des Innern.
Graf zu Eulenburg.

An die Herren Ober-Präsidenten der Provinzen Preußen, Brandenburg, Pommern, Posen, Schlesien, Sachsen.

Anlage B.

Das Bundesgesetz vom 6. Juni 1870 bestimmt im § 4., daß bis zum 1. Juli 1871 jedes Grundstück, welches noch zu keinem Orts-Armenverbande gehört, entweder einem angränzenden Orts-Armenverbande zugeschlagen oder selbstständig als Orts-Armenverband eingerichtet werden soll, — und im § 3., daß Orts-Armenverbände aus einer oder mehreren Gemeinden und, wo die Gutsbezirke außerhalb der Gemeinden stehen, aus einem oder mehreren Gutsbezirken bezw. aus Gemeinden und Gutsbezirken zusammengesetzt sein können.

Die eben allegirte Bestimmung des § 3. ist — worüber kein Zweifel besteht — dahin aufzufassen, daß die Orts-Armenverbände aus Gemeinden und Gutsbezirken und nur aus solchen bestehen sollen, und es ergiebt sich hieraus, in Verbindung mit dem im § 3. Bestimmten, daß vom 1. Juli 1871 ab jedes Grundstück im Bereiche des Bundesgesetzes einer Gemeinde oder einem Gutsbezirke angehören muß. Dieser Grundsatz, der in den älteren Landestheilen bereits seit Jahren in gesetzlicher Geltung steht, wird daher fortan auch im dortigen Regierungsbezirke, insbesondere im ehemaligen Kurfürstenthum Hessen, zur Durchführung zu bringen sein.

Es ist nicht für zulässig zu halten, ein s. g. „gemeindefreies" Grundstück nur in Beziehung auf die Armenpflege einer Gemeinde einzuverleiben. Eine von der Staats-Regierung, als zweites alinea des gegenwärtigen § 7. des Ausführungsgesetzes — früher § 9. —, vorgeschlagene Bestimmung des Inhalts:

> „Grundstücke, welche zu keinem Gemeinde- oder Gutsbezirke gehören und einem solchen auch nicht nach Vorschrift der Gemeinde-Verfassungsgesetze einverleibt werden können, werden durch Beschluß der Bezirks-Regierung für den Gegenstand des gegenwärtigen Gesetzes als eigene Gutsbezirke eingerichtet,"

hat wesentlich um deshalb keine Annahme gefunden, weil nach der Intention des Bundesgesetzes die Einrichtung eines bloßen Armen-Gutsbezirkes eben so wenig statthaft erscheine, wie die Einverleibung eines Grundstücks in einen Gemeindeverband blos für Armenzwecke. Nach dem Berichte der Königlichen Regierung giebt es nun im ehemaligen Kurfürstenthum Hessen und eben so, wie es scheint, auch in den ehemals Bayerischen Theilen Ihres Verwaltungsbezirkes mehrfach

Ritter- und Domainengüter, Staats- und andere Waldungen sowie einzelne Mühlen, Höfe 2c.,

welche einer Gemeinde nicht vollständig einverleibt sind und welche theils mit theils ohne Abgränzung in eine eigene Gemarkung, theils innerhalb des Bezirks einer Gemeinde, theils außerhalb eines solchen liegen. Eine nähere Regelung dieser Verhältnisse erscheint gegenwärtig geboten und bietet für eine solche Regelung der § 4. der Kurhessischen Gemeinde-Ordnung vom 23. Oktober 1834 (resp. § 3. des revidirten Bayerischen Gemeinde-Ediktes vom $\frac{\text{17. Mai 1818}}{\text{1. Juli 1834}}$) die erforderliche Handhabe. Es wird daher unverzüglich für jeden Kreis eine Uebersicht der, einer Gemeinde noch nicht einverleibten Grundstücke aufzustellen und demnächst zu erwägen sein, welche von diesen Grundstücken, ihrer Größe und Prästationsfähigkeit nach, sich dazu eignen, als Gutsbezirke im Sinne des Bundesgesetzes anerkannt und als solche aufrecht erhalten zu werden. Alle übrigen Grundstücke der in Rede stehenden Art werden dagegen nunmehr vollständig — nicht blos in Beziehung auf die örtliche Verwaltung — einer angränzenden Gemeinde einverleibt werden müssen, und es wird dies anscheinend um so eher ohne große Schwierigkeit geschehen können, als der § 5. der Gemeinde-Ordnung vom 23. Oktober 1834 für die statutarische Regelung der Verhältnisse der mit einer Gemeinde zu vereinigenden einzelnen Güter, Höfe und Häuser, Mühlen u. s. w. den erforderlichen Spielraum gewährt.

In Beziehung auf die als Gutsbezirke anerkannten Grundstücke wird vom 1. Juli cr. ab der § 8. des zu erlassenden Gesetzes zur Anwendung kommen, wonach — mit der Maßgabe des Absatz 2. — die Gutsbesitzer in den Gutsbezirken die Kosten der öffentlichen Armenpflege gleich den Gemeinden zu tragen haben.

Abgesehen hiervon aber mache ich die Königliche Regierung, was den Schlußpassus Ihres Berichts betrifft, darauf aufmerksam, daß die Armenpflege fortan allerdings eine Gemeindelast sein wird, und daß daher die Gemeindeverbände mit den Orts-Armenverbänden zusammenfallen werden, dergestalt, daß die Kosten der Armenpflege in derselben Weise, wie alle sonstigen Gemeindelasten, werden aufgebracht werden müssen.

Alle dem Obigen nach vorzunehmende Festsetzungen der Gränzen von Gemeinde- und Gutsbezirken werden für jeden Kreis in einem Tableau übersichtlich zusammen zu stellen, und es wird für jede solche Zusammenstellung demnächst gemäß § 4. der Gemeinde-Ordnung die landesherrliche Genehmigung einzuholen sein.

Berlin, den 26. Februar 1871.

Der Minister des Innern.
Graf zu Eulenburg.

An die Königliche Regierung zu Cassel.

Anlage C.

Das Gesetz zur Ausführung des Bundesgesetzes über den Unterstützungswohnsitz ist gegenwärtig in der, durch die Beschlüsse beider Häuser des Landtages ihm gegebenen Fassung der Allerhöchsten Sanktion Sr. Majestät unterbreitet worden und wird demnächst in der Gesetz-Sammlung publizirt werden.

Dieses Gesetz bestimmt, daß jede Gemeinde für sich einen Orts-Armenverband bildet, sofern sie nicht einem, mehrere Gemeinden oder Gutsbezirke umfassenden einheitlichen Orts-Armenverbande (Gesammt-Armenverbande) schon angehört oder nach den folgenden Bestimmungen des Gesetzes einzuverleiben ist. Die Gutsbezirke werden in Beziehung auf die Last der öffentlichen Armenpflege den Gemeinden gleich geachtet.

Die schon bestehenden Gesammt-Armenverbände werden aufrecht erhalten; desgleichen die bestehenden Verbände von Gemeinden und Gutsbezirken zur Bestreitung der Kosten einzelner besonderer Zweige der öffentlichen Armenpflege (außerordentliche Armenlast). Eine freiwillige Vereinigung von Gemeinden und Gutsbezirken zu Gesammt-Armenverbänden ist gestattet, ein Zwangsverfahren behufs Herbeiführung einer derartigen Vereinigung dagegen im allgemeinen ausgeschlossen.

Nur in Beziehung auf die in einigen Landestheilen bestehenden, den Vorschriften des Bundesgesetzes nicht entsprechenden Orts-Armenverbände (Armenkommunen 2c.) bestimmen die §§ 16.—18. des zu erlassenden Landesgesetzes, daß dieselben in Orts-Armenverbände nach Maßgabe des Bundesgesetzes umgebildet werden sollen und zwar in Gesammt-Armenverbände (Orts-Armenverbände mit Einheit des Unterstützungswohnsitzes), wenn sie schon jetzt — thatsächlich — mehrere ganze Gemeinden oder Gutsbezirke umfassen. Die räumliche Begränzung der neu zu bildenden Orts- resp. Gesammt-Armenverbände soll bewirkt werden, nach Anhörung der Betheiligten und unter Bestätigung der Bezirks-Regierung (Landdrostei), durch besondere Kommissionen, bestehend aus einem von dem Ober-Präsidenten zu ernennenden Vorsitzenden und aus zwei oder vier, gemäß Beschluß der Provinzial-Vertretung zu wählenden ferneren Mitgliedern.

Den gedachten Kommissionen fällt auch, vorbehaltlich des Rechtsweges, die Regulirung der Vermögensverhältnisse resp. die Auseinandersetzung der neu zu bildenden Verbände mit den in ihrer jetzigen Verfassung aufzulösenden Armenverbänden zu. Das Vermögen der letzteren geht zur bestimmungsmäßigen Verwendung auf die neu zu bildenden Verbände über; jedoch verbleibt, wie das Gesetz dies besonders hervorhebt, den Religions-Gesellschaften (als solchen), den Stiftungen und allen sonstigen juristischen Personen das ihnen zugehörige Vermögen; — „alle bestehenden Rechte" der Religionsgesellschaften 2c. sollen nach § 17. cit. gewahrt bleiben.

Da die neu zu bildenden Armenverbände überall, den Bestimmungen des Bundesgesetzes gemäß, auf den Verband der Gemeinden und Gutsbezirke zu gründen sind, so werden ihre Gränzen durchweg den Gränzen der Gemeinde- und Gutsbezirke zu folgen haben; sie werden also vielfach die Gränzen der bisherigen, unabhängig von dem Gemeindeverbande bestehenden Armenverbände durchkreuzen. — Hinsichtlich der hiernach übrig bleibenden Theile von Gemeinde- rc. Bezirken, welche bisher mit anderen ganzen Gemeinden rc. oder selbst nur mit anderen Theilen von Gemeinde- rc. Bezirken einen Armenverband gebildet haben, wird zunächst die Regel zur Anwendung kommen müssen, daß jede Gemeinde rc. einen Orts-Armenverband für sich bildet, sofern sie nicht nach Vorschrift des Gesetzes einem einheitlichen Gesammt-Armenverbande einverleibt werden kann. Gegen den Willen der Betheiligten kann eine Gemeinde, deren einzelne Theile bisher verschiedenen Armenverbänden angehört haben, einem der neu zu bildenden Gesammt-Armenverbände nicht einverleibt werden. Wie in Fällen solcher Art — wenn also die Gränzen des neu zu konstituirenden Armenverbandes mit den Gränzen des bisherigen Armenverbandes nicht zusammen fallen — hinsichtlich der Zuweisung des Vermögens an den einen und an den anderen, neu zu bildenden Armenverband zu verfahren ist und nach welchem Maßstabe sich die Theilnahmerechte der neu zu bildenden Armenverbände an dem qu. Vermögen richten, wird im Gesetze § 17. al. 2 näher bestimmt. Eine Vertheilung (Naturaltheilung) ist nur zulässig, wenn sie nach der von der Bezirks-Regierung (Landdrostei) zu treffenden Entscheidung mit den bestimmungsmäßigen Zwecken des Armenvermögens vereinbar ist. Gehörte daher einem der in ihrer jetzigen Verfassung aufzulösenden Armenverbände beispielsweise ein Armenhaus, ein Krankenhaus 2c. und müssen die einzelnen Theile dieses Armenverbandes verschiedenen, neu zu bildenden Armenverbänden zugelegt werden, so bleibt nur — wie das Gesetz dies ferner bestimmt — die Einsetzung einer gemeinschaftlichen Verwaltung übrig, welche durch statutarische Anordnung nach Analogie derjenigen Vorschriften zu erfolgen hat, die in dem Gesetze über die Einrichtung der Gesammt-Armenverbände ertheilt sind. Auch die Verfassung der Gesammt-Armenverbände soll nach dem Gesetze durch Statuten geregelt werden, welche, unter Bestätigung der Bezirks-Regierung (Landdrostei), von den Betheiligten zu vereinbaren oder in Ermangelung einer Vereinbarung vom Kreistage (in Hannover von der Amtsvertretung) und zwar im letzteren Falle unter Beachtung der im Gesetze gegebenen Normativvorschriften zu erlassen sind.

Die oben allegirten §§ 16.—18. werden zur Anwendung zu kommen haben:

1. in der Provinz Schleswig-Holstein hinsichtlich der dortigen, als gesonderte Korporationen neben den politischen Gemeinden bestehenden Armenkommunen,

2. in der Provinz Hannover, insbesondere hinsichtlich der in Ostfriesland neben den politischen Gemeinden bestehenden besonderen Armenverbände, — desgleichen auch hinsichtlich der dortigen jüdischen und sonstigen konfessionellen Armenverbände,

3. im Regierungsbezirk Stralsund, insofern die dort bestehenden Kirchspiels-Armenverbände ebenfalls nicht

durchweg auf den Verband der Gemeinden und Gutsbezirke begründet sind.

Da die Provinzial-Landtage, denen die Wahl der Mitglieder der Regulirungs-Kommissionen (außer dem Vorsitzenden) zusteht, kaum vor Beendigung des Reichstages werden zusammentreten können, so ist besondere Vorkehr zu treffen, um wie dies geboten erscheint, die Beendigung des Regulirungsgeschäftes bis zum 1. Juli 1871, dem Tage des Inkrafttretens des Bundesgesetzes und des Ausführungsgesetzes, zu sichern. Demnach wird sofort für jeden Kreis resp. in der Provinz Hannover für jeden Amtsbezirk die Aufstellung eines vollständigen, demnächst der Regulirungs-Kommission zur Beschlußfassung zu unterbreitenden Planes in Angriff zu nehmen sein.

Hierbei ist nach folgenden Gesichtspunkten zu verfahren:

1. Umfaßt einer der umzubildenden Ortsarmenverbände nur einen ganzen Gemeinde- oder Gutsbezirk, so wird sich in der Regel eine weitere Schwierigkeit nicht ergeben. Das Vermögen des bisherigen Armenverbandes geht in solchen Fällen aus den Händen der bisherigen besonderen Armenverwaltungen zur bestimmungsmäßigen Verwendung in die Verwaltung der Gemeinde- 2c. Behörden über. Einer besonderen Erwägung wird es nur hier und da hinsichtlich der Frage bedürfen, ob das vorhandene Armenvermögen als Eigenthum einer Religionsgesellschaft betrachtet werden muß, in welchem Falle eine Aenderung des Besitzstandes ebensowenig einzutreten hat, wie hinsichtlich desjenigen Vermö-

gens, welches bisher von besonderen Stiftungs- oder von sonstigen besonderen Korporations-Vorständen verwaltet worden ist.

2. Umfaßt der umzubildende Ortsarmenverband mehrere ganze Gemeinde- oder Gutsbezirke und nur solche ganze Bezirke, so ist derselbe als Gesammtarmenverband einzurichten; das Vermögen des umzubildenden Verbandes geht in die Verwaltung der Behörden des Gesammtarmenverbandes über; es ist sofort behufs Feststellung der statutarischen Verfassung des Gesammtarmenverbandes, gemäß den darüber in dem Gesetz ertheilten Vorschriften das Nöthige einzuleiten, damit seiner Zeit die Bestätigung des im Wege freier Vereinbarung oder durch Beschluß des Kreistages aufzustellenden Statuts ohne weiteren Anstand erfolgen könne. Ueber die bei Aufstellung der Statuten vorzugsweise zu beachtenden Punkte behalte ich mir besondere Verfügung vor.

3. Das Vorstehende findet nicht minder Anwendung auf diejenigen Fälle, in denen ein (umzubildender) Armenverband außer einem oder mehreren ganzen Gemeinde- oder Gutsbezirken auch Theile von solchen umfaßt. Der Gemeinde- 2c. Bezirk, dessen einzelne Theile bisher verschiedenen Armenverbänden angehört haben, wird alsdann aber als besonderer Ortsarmenverband einzurichten sein, falls es nicht gelingt — worauf in den dazu geeigneten Fällen thunlichst hinzuwirken ist — im Wege freiwilligen Uebereinkommens seine Vereinigung mit einem der angränzenden Armenverbände zu einem Gesammtarmenverbande herbeizuführen. Es wird in allen

solchen Fällen sodann außerdem das Maß der Theilnahmerechte der mit einem Bezirkstheil ausscheidenden Gemeinde ꝛc. festzustellen und Beschluß darüber zu fassen sein, ob und in welcher Weise eine **Abfindung** einer solchen Gemeinde herbeigeführt werden, oder ob eine durch Statut zu regelnde **gemeinschaftliche Verwaltung** des ungetheilt bleibenden Vermögens Statt finden soll. Es ist dahin zu streben, allen Streitigkeiten und eventuellen prozessualischen Weiterungen, wenn irgend möglich, durch gütliche Vereinbarungen vorzubeugen.

4. In ähnlicher Weise ist zu verfahren, wo ein (umzubildender) Armenverband nur aus Theilen von Gemeinde- oder Gutsbezirken besteht.

5. Die Verfassung der aus mehreren Ortschaften zusammengesetzten Armenverbände findet sich hin und wieder dahin geregelt, daß in einigen (geringfügigeren) Fällen die einzelne Ortschaft, in anderen der Armenverband in seiner Totalität einzutreten hat. Es wird nun zwar bei Regelung der Verfassung der ins Leben zu rufenden **Gesammtarmenverbände** darauf Bedacht zu nehmen sein, diese Verfassung möglichst einfach zu gestalten; soweit aber das Bedürfniß vorliegen sollte, Einrichtungen der eben erwähnten Art beizubehalten, wird hierzu ein Anhalt in dem § 32. des Gesetzes gegeben sein, wonach unter Zustimmung der Betheiligten auch fernerhin Verbände von Gemeinden und Gutsbezirken zur Bestreitung der Kosten einzelner besonderer Zweige der öffentlichen Armenpflege (außerordentliche Armenlast) gebildet werden können. Gleichwohl wird hierbei niemals außer Acht

gelassen werden dürfen, daß das charakteristische Kriterium der Gesammtarmenverbände, deren Bildung in den Fällen des § 16. in fine vorgeschrieben ist, in der Einheitlichkeit des Unterstützungswohnsitzes besteht. Für die Unterstützung einer Person, die sich zwei Jahre lang im Bezirke eines Gesammtarmenverbandes — gleichviel in welcher Ortschaft oder in welchen Ortschaften abwechselnd, — aufgehalten hat, bleibt also unter allen Umständen nach außen hin der Gesammt-Armenverband als solcher verantwortlich, und es wird demnach eine Vertheilung der Armenlast der vorstehend besprochenen Art ihre Wirksamkeit immer nur in dem Verhältniß der einzelnen Gemeinden und Gutsbezirke gegen einander äußern können.

6. Auch da, wo — wie vielfach in der Provinz Schleswig-Holstein — die Abgrenzung der Gemeinde- und Gutsbezirke selbst der definitiven Sanktion noch entbehrt, wird immerhin mit den hier angeordneten vorbereitenden Schritten in allen denjenigen Fällen schon vorgegangen werden können, wo nach Lage der Verhältnisse ein erheblicher Zweifel über die Art jener Abgränzung nicht besteht und die demnächstige Ertheilung der gedachten Sanktion daher als in sicherer Aussicht stehend betrachtet werden kann.

7. Für die in der Provinz Hannover bestehenden jüdischen Armenverbände wird überall nur die ad 1. erwähnte Auseinandersetzung bezüglich des etwa vorhandenen Vermögens in Frage kommen. Eine Aenderung in den Bezirken der Ortsarmenverbände wird durch den Wegfall der jüdischen Armenverbände nicht veranlaßt werden, in-

dem es sich von selbst ergiebt, daß die Juden fortan in den Armenverband der betreffenden bürgerlichen Gemeinde übergehen.

Berlin, den 2. März 1871.

Der Minister des Innern.
Graf zu Eulenburg.

An

1. den Königlichen Ober-Präsidenten ꝛc.
in Hannover.
2. den Königlichen Ober-Präsidenten ꝛc.
in Kiel.
3. die Königliche Regierung zu Stralsund.

---

d.

Tarif
der von den Preußischen Armenverbänden zu erstattenden Armenpflegekosten,
vom 21. August 1871.

(B. M. Bl. 1871. S. 249.)

Auf Grund des § 30. des Bundesgesetzes über den Unterstützungswohnsitz vom 6. Juni 1870 (Bundesgesetzblatt Seite 360 flg.) und des § 35. des Ausführungsgesetzes vom 8. März 1871 (Gesetz-Samml. S. 130 flg.)

wird hierdurch nach Anhörung der Provinzialvertretungen (Kommunal-Landtage) Folgendes bestimmt:

1. Der Tarifsatz, mit welchem die für die Verpflegung eines erkrankten oder arbeitsunfähigen Hülfsbedürftigen im Alter von 14 und mehr Jahren entstandenen Kosten einem Preußischen Armenverbande von einem anderen Preußischen Armenverbande zu erstatten sind, beträgt für jeden Tag der Verpflegung:

a) für die im Servistarif Beilage Lit. B.*) des Gesetzes vom 25. Juni 1868, betreffend die Quartierleistung für die bewaffnete Macht während des Friedenszustandes (B.-G.-Bl. S. 544 flg.), in der dritten bis fünften Klasse aufgeführten Ortschaften . . . . 5 Sgr.

b) für alle übrigen Ortschaften **) (erste und zweite Servisklasse) . . . . 6 Sgr. 6 Pf.

Hierin sind jedoch nicht begriffen und besonders zu berechnen die Kosten für gelieferte Kleidungsstücke, sowie die Kosten der ärztlichen oder wundärztlichen Behandlung, soweit diese letzteren nach § 30. des Bundesgesetzes überhaupt zur Erstattung kommen.

*) Dieses Allegat ist irrthümlich; es ist die Beilage C. gemeint.

**) Der Tarifsatz von 6 Sgr. 6 Pf. kommt hiernach zur Anwendung in den Ortschaften Aachen, Altona, Arnsberg, Aschersleben, Barmen, Berlin, Beuthen (Oberschlesien), Bibrich u. Mosbach, Bielefeld, Bochum, Bockenheim, Bonn, Brandenburg (Brandenburg), Breslau, Brieg (Schlesien), Bromberg, Buckau bei Magdeb., Burtscheid (Rheinland), Cassel, Celle, Charlottenburg, Coblenz, Cöln, Cöslin, Colberg, Crefeld, Cüstrin, Danzig, Deutz, Dortmund, Düsseldorf, Ehrenbreitstein, Elberfeld, Elbing, Erfurt, Eschweiler, Essen (Rheinland), Flensburg, Frankfurt a. M., Frankfurt a. O., Gladbach (Kr. Gladbach),

2. Der Tarifsatz der, für die nothwendig gewordene ärztliche oder wundärztliche Behandlung der zu 1. gedachten Personen einem Preußischen Armenverbande von einem anderen Preußischen Armenverbande zu erstattenden Kosten beträgt für den Tag und für alle Ortschaften gleichmäßig 1 Sgr., vorbehaltlich gleichwohl einer besonderen Berechnung und Liquidirung erheblicher außerordentlicher Mehraufwendungen, welche in Verwundungsfällen oder bei schweren oder ansteckenden Krankheiten nothwendig geworden sind.

3. Der Tag, an welchem die Verpflegung begonnen hat, wird mit dem Tage, an welchem dieselbe beendigt worden ist, zusammen als ein Tag berechnet.

4. Die obigen Tarifsätze kommen gleichmäßig zur Anwendung, die Verpflegung mag innerhalb oder außerhalb eines Kranken- oder Armenhauses bewirkt worden sein.

5. Alle unter die Bestimmungen zu 1. und 2. nicht zu begreifenden Verwendungen sind besonders zu berech-

---

Glatz, Gleiwitz, Gr. Glogau, Görlitz, Göttingen, Graudenz, Greifswald, Guben, Hadersleben, Hagen (Westph.), Halberstadt, Halle a. d. S., Hanau, Hannover, Harburg (Hannover), Herford, Hildesheim (Hannover), Homburg (Reg.-B. Wiesbaden), Insterburg, St.-Johann (Rheinland), Iserlohn, Kiel, Königsberg i. Pr., Landsberg a. W., Liegnitz, Lüdenscheid, Lüneburg, Magdeburg, Memel, Merseburg, Minden (Westphalen), Münster (Westph.), Naumburg a. d. Saale, Neisse, Neustadt bei Magdeb., Osnabrück, Paderborn, Posen, Potsdam, Quedlinburg, Rendsburg, Saarbrücken, Saarlouis, Salzwedel, Schleswig, Schweidnitz, Sonderburg, Spandau, Stargard (Pomm.), Stettin, Stolberg (Rheinland), Stolpe (Pomm.), Stralsund, Sudenburg, Swinemünde, Thorn, Tilsit, Torgau, Trier, Wesel, Wiesbaden, Wittenberg.

Für alle übrigen Ortschaften gilt der Satz von 5 Sgr.

nen; dies gilt namentlich auch rücksichtlich der Kosten der Verpflegung solcher Personen, welche das Alter von 14 Jahren noch nicht erreicht haben oder nicht vollständig arbeitsunfähig sind.

6. Die gegenwärtigen Bestimmungen, deren Revision vorbehalten bleibt, treten mit dem 1. Oktober d. J. in Kraft; mit demselben Tage treten alle bisher in Geltung stehenden Tarife bezüglich der einem Armenverbande von einem anderen Armenverbande zu erstattenden Verpflegungskosten Hülfsbedürftiger außer Anwendung.

Berlin, den 21. August 1871.

Der Minister des Innern.
Graf zu Eulenburg.

Zur Erläuterung dieses Tarifs dient die (vor Erlaß des Tarifs) an die Ober-Präsidenten ergangene Verfügung des Ministers des Innern vom 28. April 1871 (abgedruckt in: „Die neueste Armengesetzgebung. Nachträge zu der im Auftr. des K. Minist. des Inn. herausgeg. Zusammenstellung. Berlin, 1872."), welche Folgendes bemerkt:

1. Die nach § 30. des Bundesgesetzes vom 6. Juni 1870 festzustellenden Tarifsätze sind als Pauschalsätze, nicht aber als bloße Maximalsätze zu betrachten, und es wird daher nach erfolgtem Erlaß eines Tarifes (§ 35. des Ausführungsgesetzes vom 8. März 1871) in den einschlagenden Fällen:

a) nicht des Beweises mehr bedürfen, daß wirklich der im Tarif ausgeworfene Betrag verwendet worden sei, und

b) der Gegenbeweis darüber ausgeschlossen sein, daß der ad a. gedachte Betrag nicht verwendet sei.

Für die Ansicht, daß es im § 30. cit. sich um bloße Maximalsätze handele, läßt sich zwar mit einigem Schein die Fassung der Schlußworte des Paragraphen

„ein Tarif .... dessen Sätze, die Erstattungsforderung nicht übersteigen darf"

anführen; indessen steht selbst dieser Argumentation schon die Fassung der unmittelbar vorhergehenden Worte entgegen, wonach der Tarif eventuell aufgestellt werden soll:

„für solche ... Aufwendungen, deren &c. Betrag sich in Pauschquanten feststellen läßt."

Ueberdies aber lassen die betreffenden Reichstags-Verhandlungen mit Deutlichkeit erkennen, daß man bei Erlaß der in Rede stehenden gesetzlichen Bestimmung an bloße Maximalsätze keinesweges gedacht hat. Die Kommission des Reichstages (Bericht S. 38.) hatte die Aufnahme einer derartigen Bestimmung abgelehnt. „Pauschalisirten die Tarife — so heißt es wörtlich in dem Kommissionsberichte — nach größeren geographischen Durchschnitten, so führten sie entweder zur Verletzung des Grundsatzes, daß das wirklich Verauslagte erstattet werden solle, oder zu einer Verschlechterung der Armenpflege insofern die Armenverbände dahin gedrängt würden, die Unterstützungen ungeeigneten Pauschalsätzen anzubequemen." Gleichwohl wurde vom Plenum des Reichstages, auf dessen Verhandlungen (Sten. B. S. 948 ffg.) ich verweise, dem § 30. der von den Tarifen handelnde Schlußabsatz angefügt und zur Motivirung seines Inhalts, außer anderen Gründen, speziell auf die damit zu erzielende „Abkürzung der Vielschreiberei“ hingewiesen, während es sich doch ohne Weiteres ergiebt, daß dieser Zweck durchaus verfehlt sein würde, wenn man die Tarifsätze lediglich als Maximalsätze zu betrachten hätte und wenn demnach der oben unter a. und b. erwähnte Beweis und Gegenbeweis erforderlich resp. zulässig bliebe. Es kommt aber endlich auch in Betracht, daß vom legislativen Gesichtspunkte aus die Hinstellung bloßer Maximalsätze eine unverkennbare Unbilligkeit in sich schließen würde, denn in der That können die Verkürzungen, die sich bei Aufstellung von Tarifen der Orts-Armenverband der vorläufigen Verpflegung in einzelnen Fällen immerhin wird gefallen lassen müssen, nur dadurch eine entsprechende Ausgleichung finden, daß derselbe Orts-Armenverband in anderen gleichartigen Fällen ohne weiteren umständlichen Beweis, ohne Beibringung und Einsendung von Belägen die Befugniß erlangt, die Erstattung des im Tarif ein für alle Mal Ausgeworfenen zu fordern.

2. Sodann ergeben die Verhandlungen des Reichstages, daß mittels des Schlußabsatzes des § 30. der im zweiten Absatze desselben ausgesprochene Grundsatz:

> „Die Höhe der zu erstattenden Kosten richtet sich nach den am Orte der stattgehabten Unterstützung über das Maß der öffentlichen Unterstützung Hülfsbedürftiger geltenden Grundsätzen — — —“

eine theilweise Modifikation hat erfahren sollen. Außer der Abkürzung der Vielschreiberei sollte mittels der Einführung von Tarifen auch der Zweck erreicht werden, die Orts-Armenverbände der vorläufigen Verpflegung auf das Erforderniß einer angemessenen Sparsamkeit hinzuweisen; es sollte auch denjenigen Orts-Armenverbänden Rechnung getragen werden, welche die Erstattung zu leisten haben und welche vielleicht, nach den bestehenden örtlichen Verhältnissen, nur ein viel geringeres Verpflegungsquantum zu verwenden gehabt haben würden, wenn die Verpflegung in ihrem eigenen Bezirke hätte bewirkt werden können. Es kann demnach nicht die Forderung aufgestellt werden, daß der Tarif — trotz der Schlußworte des letzten Absatzes des § 30. — unbedingt so einzurichten sei, daß der Orts-Armenverband der vorläufigen Verpflegung in jedem einzelnen Fall zu dem Seinigen gelange.

3. Es muß betont werden, daß nach § 30. cit. bei Aufstellung der Erstattungsforderungen der Armenverbände die allgemeinen Verwaltungskosten der Armenverbände, sowie die Gebühren fest remunerirter Armenärzte außer Ansatz zu bleiben haben. Es ist daher für die Feststellung der Tarifsätze nicht ohne Weiteres der Betrag desjenigen maßgebend, was eine Gemeinde bisher für die Verpflegung ihrer Armen an ihr nicht gehörige Hospitäler rc. hat bezahlen müssen. Nach vorgelegten Berechnungen scheint angenommen werden zu können, daß die allgemeinen Verwaltungskosten (Erhaltung resp. Ergänzung des Inventars, Reinigung, Heizung, Beleuchtung, Personal, Verzinsung und Amortisation rc. rc.) durchweg einen sehr bedeutenden Prozentsatz desjenigen darstellen, was ohne die Vorschrift des § 30. an eigentlichen Selbstkosten in Summa zu liquidiren sein würde.

4. Der Inhalt des Tarifs wird, der Disposition des § 30. entsprechend, auf solche

> bei der öffentlichen Unterstützung häufiger vorkommende Aufwendungen, deren täglicher oder wöchentlicher Betrag sich in Pauschquanten feststellen läßt,

beschränkt bleiben müssen. Es wird daher z. B. von einer Tarifirung der Beerdigungskosten abzusehen sein, wobei gleichwohl der Hoffnung Raum gegeben werden darf, daß sich in dieser Beziehung bei den Deputationen und demnächst bei dem Bundesamte für das Heimathwesen, innerhalb der zulässigen Grenzen, von selbst eine zur Vermeidung unnöthiger Weiterungen gereichende Praxis bilden wird. Andererseits aber ist bei der Tarifirung davon auszugehen, daß die Tarifsätze sich eben nur auf diejenigen Aufwendungen beziehen sollen, die sich als gewöhnlich vorkommende überhaupt unter einen Pauschalsatz bringen lassen, dergestalt, daß die Liquidirung außergewöhnlicher Aufwendungen überall vorbehalten bleiben muß.

5. Ein Tarif kann von der Preußischen Staats-Regierung nur für Preußische Armenverbände vorgeschrieben werden; er kann sich also — vorbehaltlich einer etwa demnächst durch Staatsverträge herbeizuführenden Reziprozität — auch nur auf diejenigen Fälle beziehen, in denen ein Preußischer Armenverband von einem anderen ebenfalls Preußischen Armenverbande belangt wird. Die hier und da ausgesprochene Befürchtung ist also unbegründet, daß eine Preußische Gemeinde demnächst von einer auswärtigen Gemeinde nur den Preußischen, viel-

leicht niedrig gegriffenen Tarifsatz werde beanspruchen können, während dieselbe auswärtige Gemeinde bei den von ihr zu erhebenden Forderungen an diesen Tarifsatz nicht gebunden sei.

6. Es ist der in den Berichten und deren Anlagen mehrfach ausgesprochenen Ansicht beizutreten, daß es sich empfiehlt, den Tarif für einen möglichst großen Bezirk, möglichst gleichmäßig und unter Abstandnahme von jeder nicht durchaus nöthigen Spezialisirung aufzustellen, da offenbar nur in dieser Weise der Zweck erreicht werden kann, — die „Vielschreiberei" abzuschneiden und in dem Wegfall der Nothwendigkeit zu liquidiren und Beläge auch in unbedeutenden Fällen einzusenden, einen Ersatz für die eventuelle Kürzung des wirklich verauslagten Betrages zu gewähren.

---

e.

Regulativ

zur Ordnung des äußeren Geschäftsganges bei den Deputationen für das Heimathwesen,

vom 1. Februar 1872.

(Verwalt. Min. Blatt 1872 S. 48.)

Geschäfte der Deputation.

§ 1. In öffentlicher Sitzung der Deputation und nach mündlicher Verhandlung unter den Parteien erfolgt in allen Fällen die der Deputation zustehende Entscheidung erster Instanz in denjenigen Streitsachen, die gegen einen Armenverband ihres Sprengels von einem anderen Deutschen Armenverbande anhängig gemacht werden und in denen die Erstattung von Armenpflegekosten oder die Uebernahme eines Hülfsbedürftigen verlangt wird. (§ 38 ff. des Reichsgesetzes über den Unterstützungs-Wohnsitz; § 40 ff. des Gesetzes vom 8. März 1871.)

§ 2. Nicht ausschließlich den öffentlichen Sitzungen vorbehalten sind die sonstigen der Deputation obliegenden Geschäfte, insbesondere

1) die Festsetzung der gegen ungehorsame Zeugen und Sachverständige, vorbehaltlich des Rekurses an das Bundesamt für das Heimathwesen, zu erkennenden Strafen, sowie die Entscheidung der Rekurse bezüglich der von den Kreis-Kommissionen festgesetzten derartigen Strafen (§§ 49., 61. des Gesetzes vom 8. März 1871), —
2) die Leitung des Schriftwechsels unter den Parteien nach eingelegter Berufung an das Bundesamt für das Heimathwesen (§ 46 ff. des Reichsgesetzes), —
3) die Vollstreckung der Exekution gegen die Armenverbände ihres Sprengels gemäß § 53. des Reichsgesetzes, —
4) die Rückgängigmachung der Exekution, welche von einem Armenverbande ihres Sprengels auf Grund einer vorläufig vollstreckbaren, in höherer Instanz wieder aufgehobenen Entscheidung erwirkt worden war (§ 54. des Reichsgesetzes), —

5) das vermittelnde Einschreiten behufs Herbeiführung einer Einigung unter den betheiligten Armenverbänden über das Verbleiben einer, nach § 5. des Freizügigkeits-Gesetzes vom 1. November 1867 auszuweisenden Person oder Familie an ihrem bisherigen Aufenthaltsorte (§ 55. des Reichsgesetzes), sowie

6) bei nicht erreichter Einigung, der Erlaß der, gemäß § 56. des Reichsgesetzes, vorbehaltlich der Berufung an das Bundesamt für das Heimathwesen, zu treffenden bezüglichen Anordnungen, —

7) die endgültige Entscheidung der Streitigkeiten über die Nothwendigkeit des Transports eines auszuweisenden, im Sprengel der Deputation sich aufhaltenden Hülfsbedürftigen oder über die Art der Ausführung des Transports (§ 58. des Reichsgesetzes), —

8) die Entscheidung letzter Instanz in denjenigen Streitsach.n, welche die Beschwerden gegen Verfügungen der Vorstände der Orts-Armenverbände darüber, ob, in welcher Höhe und in welcher Weise Armenunterstützungen zu gewähren sind, zum Gegenstande haben (§ 63. des Gesetzes vom 8. März 1871), —

9) die endgültige, vorbehaltlich des Rechtsweges erfolgende Entscheidung der Rekurse gegen Entscheidungen der Verwaltungs-Behörden in den, §§ 65. und 66 des Gesetzes vom 8. März 1871 erwähnten, Streitsachen zwischen einem Armenverbande und den zur Unterstützung eines Hülfsbedürftigen verpflichteten Angehörigen, —

10) die endgültige Entscheidung darüber, ob und welche Beihülfe einem Orts-Armenverbande ihres Sprengels behufs Erfüllung der ihm obliegenden Verpflichtungen von dem Land-Armenverbande zu gewähren ist (§ 36. des Gesetzes vom 8. März 1871).

Der Deputation bleibt es unbenommen, auch in den vorstehend aufgeführten, dazu geeigneten Fällen die Betheiligten resp. deren Vertreter zum persönlichen Erscheinen in ihre öffentliche Sitzung vorzuladen.

Sitzungen der Deputationen.

§ 3. Die Deputation versammelt sich an regelmäßigen, im Voraus von ihr bestimmten Sitzungstagen; dem Vorsitzenden der Deputation bleibt es unbenommen, im Bedürfnißfalle außerordentliche Sitzungen anzuberaumen.

Einberufung der Stellvertreter, Urlaub der Mitglieder.

§ 4. Ein Mitglied, welches durch Krankheit oder durch sonstige nicht zu beseitigende Umstände verhindert ist, einer ordentlichen oder außerordentlichen Sitzung der Deputation beizuwohnen oder sich der Wahrnehmung der ihm sonst obliegenden Geschäfte zu unterziehen, hat dies sofort, behufs Einberufung seines Stellvertreters, dem Vorsitzenden anzuzeigen.

In schleunigen Fällen hat das verhinderte Mitglied seinen Stellvertreter unmittelbar zu benachrichtigen; der Stellvertreter ist alsdann, auch ohne besondere Berufung von Seiten des Vorsitzenden, verpflichtet, sich zu der betreffenden Sitzung einzufinden, beziehungsweise die Geschäfte des Mitgliedes zu übernehmen.

§ 5. Die ernannten Mitglieder und deren Stellvertreter bedürfen zu einer, die Dauer von 6 Wochen übersteigenden Entfernung vom Sitze der Deputation eines von den Ministern des Innern und der Justiz gemeinschaftlich zu ertheilenden Urlaubs, — unbeschadet der sonstigen, hinsichtlich der Beurlaubung der Staatsbeamten bestehenden Vorschriften.

Die gewählten Mitglieder und deren Stellvertreter haben bei beabsichtigter längerer Entfernung von ihrem Wohnorte sich mit einander zu benehmen und dem Vorsitzenden sofort entsprechende Anzeige zu erstatten.

Die ernannten, wie die gewählten Mitglieder haben unter allen Umständen dafür Sorge zu tragen, daß eingehende Zusendungen im Falle ihrer Abwesenheit sofort an ihren Stellvertreter befördert werden.

Befugnisse des Vorsitzenden, Leitung des Verfahrens.

§ 6. Der Vorsitzende leitet und überwacht den gesammten Geschäftsgang bei der Deputation. Er eröffnet die eingehenden Schriftstücke und versieht sie mit dem Vermerk wegen des Tages des Einganges. Hat eine Partei den Schriftstücken (§ 47., 48. des Gesetzes vom 8. März 1871) kein Duplikat beigefügt, so verfügt er die Anfertigung desselben auf ihre Kosten.

§ 7. Die in den Fällen des § 2. unter Nr. 2. bis 5. zu treffenden Verfügungen werden der Regel nach ohne Vortrag im Kollegium, entweder von dem Vorsitzenden selbst oder unter seiner Mitzeichnung von demjenigen Mitgliede der Deputation erlassen, welchem der Vorsitzende die Bearbeitung der Sache überträgt. Ergiebt sich zwischen diesem Mitgliede und dem Vorsitzenden eine Meinungsverschiedenheit oder wird gegen das Verfügte Einspruch von Seiten einer Partei erhoben, so ist die Beschlußnahme des Kollegiums hierüber herbeizuführen.

Dem Ermessen des Vorsitzenden bleibt es in allen Fällen überlassen, den vorgängigen Vortrag im Kollegium anzuordnen.

§ 8. Die Bestimmungen des § 7. finden gleichmäßig Anwendung auch auf alle sonstigen Verfügungen, welche, ohne der sachlichen Entscheidung vorzugreifen, lediglich die Leitung des Verfahrens vor der Deputation bezwecken.

§ 9. In den zur kollegialischen Entscheidung der Deputation gelangenden Sachen bestellt der Vorsitzende aus der Zahl der ernannten oder der gewählten Mitglieder einen Referenten und nach Befinden einen Korreferenten; auch kann er sich selbst zum Referenten oder zum Korreferenten bestellen.

§ 10. Der Vorsitzende leitet die Verhandlungen und Berathungen in den Sitzungen der Deputation; er stellt die Fragen und sammelt die Stimmen, — vorbehaltlich der Entscheidung des Kollegiums, falls über die Fragestellung oder über das Ergebniß der Abstimmung eine Meinungsverschiedenheit entsteht.

§ 11. In denjenigen, in nicht öffentlicher Sitzung und ohne vorgängige mündliche Verhandlung unter den Parteien zur kollegialischen Entscheidung gelangenden Sachen, welche einer besonders schleunigen Erledigung bedürfen, kann der Vorsitzende geeigneten Falles eine schriftliche Abstimmung der Mitglieder veranlassen; ergiebt sich hierbei jedoch eine Meinungsverschiedenheit, so ist in allen

Fällen die kollegialische Entscheidung in einer Sitzung der Deputation herbeizuführen.

Mündliche Verhandlung in öffentlicher Sitzung.

§ 12. Die zur mündlichen Verhandlung gelangenden Sachen werden in der, durch den Vorsitzenden bestimmten, durch Aushang vor dem Sitzungszimmer bekannt zu machenden Reihenfolge erledigt. In der Vorladung an die Parteien ist die zur mündlichen Verhandlung bestimmte Stunde anzugeben. Bleiben beide Parteien aus, so wird das Sachverhältniß durch den Referenten vorgetragen. Dasselbe geschieht, wenn nur eine Partei erscheint; der letzteren ist nach dem Vortrage des Referenten das Wort zu geben.

§ 13. Der Vorsitzende verkündigt die ergangene Entscheidung nebst den Entscheidungsgründen. Die Verkündigung der Entscheidung kann bis auf die nächste Sitzung ausgesetzt werden. Zu der letzteren werden die erschienenen Parteien mündlich eingeladen; einer Vorladung der ausgebliebenen Parteien bedarf es nicht.

§ 14. Mittelst der Entscheidung sind sofort die Kosten des Verfahrens sowie die zu erstattenden Auslagen und Gebühren (§ 56. des Gesetzes vom 8. März 1871) festzusetzen. Die Festsetzung der zu erstattenden Auslagen kann ausnahmsweise einem besonderen, nach Anhörung des Gegners und in nicht öffentlicher Sitzung zu erlassenden kollegialischen Beschlusse der Deputation vorbehalten bleiben; die durch das betreffende Verfahren etwa weiter entstehenden Kosten fallen demjenigen Theile zur Last, welcher dieselben durch verzögerte Beibringung seiner Auslagenrechnung oder durch unbegründeten Widerspruch veranlaßt hat.

§ 15. Der Vorsitzende handhabt die Ordnung in den öffentlichen Sitzungen der Deputation; er kann jeden Zuhörer aus denselben entfernen lassen, welcher Störungen verursacht.

Ausfertigungen 2c.

§ 16. Alle Entscheidungen, Verfügungen 2c. werden in der Ausfertigung mit der Unterschrift

(Brandenburgische 2c.) Deputation für das Heimathwesen

versehen und von dem Vorsitzenden vollzogen. Alle Konzepte der auf Grund kollegialischen Beschlusses ergehenden Entscheidungen sind von wenigstens drei Mitgliedern, mit Einschluß des Vorsitzenden und der beiden ernannten Mitglieder, zu vollziehen.

In den Fällen des § 1. wird die Ausfertigung der Entscheidung mit der Ueberschrift

Im Namen des Königs

und mit dem Siegel der Deputation — Preußischer Adler mit der Umschrift: (Brandenburgische 2c.) Deputation für das Heimathwesen — versehen; in den nämlichen Fällen sind im Eingange der Ausfertigung die Mitglieder der Deputation aufzuführen, welche an der Entscheidung Theil genommen haben.

§ 17. Alle Namens der Deputation zu bewirkenden Zustellungen erfolgen mittelst Requisition der betreffenden Bezirks-Regierung — des Polizei-Präsidiums zu Berlin — oder der, der Bezirks-Regierung nachgeordneten Behörden oder durch die Post, erforderlichen Falls gegen Behändigungsschein.

Mittelst Requisition der vorgedachten Behörden erfolgt desgleichen die Vollstreckung der von der Deputation erlassenen Entscheidungen.

Geschäfts-Kontrollbücher ꝛc.

§ 18. Die Einrichtung der erforderlichen Geschäfts-Kontrollbücher bleibt bis auf Weiteres dem Vorsitzenden der Deputation nach Berathung mit der letzteren überlassen.

Die Bezirks-Regierung am Sitze der Deputation — das Polizei-Präsidium zu Berlin — hat bis auf Weiteres der Deputation die erforderlichen Geschäftslokale, das erforderliche Subaltern-Personal und den Bureaubedarf zur Verfügung zu stellen. Etwaige Meinungsverschiedenheiten über das Erforderliche sind zur Entscheidung der Minister des Innern und der Justiz zu bringen.

§ 19. Am Jahresschluß hat der Vorsitzende in Gemeinschaft mit dem zweiten ernannten Mitgliede den Ministern des Innern und der Justiz eine Uebersicht der vorgekommenen Geschäfte berichtlich einzureichen. In derselben ist die Zahl der von der Deputation im Laufe des Jahres abgehaltenen öffentlichen Sitzungen sowie, nach den Hauptkategorien gesondert, die Zahl der anhängig gemachten, erledigten und unerledigt gebliebenen Sachen anzugeben, — unter Hinzufügung derjenigen gutachtlichen Bemerkungen, zu denen die, bei Handhabung der materiellen und der prozessualischen Bestimmungen des Reichsgesetzes über den Unterstützungswohnsitz und des Ausführungsgesetzes vom 8. März 1871 gemachten Erfahrungen Anlaß zu bieten scheinen.

Berlin, 1. Februar 1872.

Der Minister des Innern. Graf zu Eulenburg.

Der Justiz-Minister. In dessen Vertretung: de Rège.

Auf das vorstehende Regulativ bezieht sich folgender

Cirkular-Erlaß

an die Kgl. Ober-Präsidenten und an die Königliche Regierung zu Sigmaringen, die Ordnung des äußeren Geschäftsganges bei den Deputationen für das Heimathwesen betreffend,

vom 1. Februar 1872.

(Verwalt. Min. Blatt 1872 S. 46.)

Ew. ꝛc. übersenden wir anbei ꝛc. das von uns unter dem heutigen Tage vollzogene Regulativ zur Ordnung des äußeren Geschäftsganges bei den Deputationen für das Heimathwesen mit dem Ersuchen die Veröffentlichung des gedachten Regulativs durch die in der Provinz erscheinenden Amtsblätter veranlassen zu wollen.

Der Inhalt der in Verfolg des Cirkular-Erlasses vom 30. September v. J. eingegangenen Gutachten der Deputationen für das Heimathwesen resp. der Herren Ober-Präsidenten und der betreffenden Herren Appellationsgerichts-Präsidenten giebt uns zu nachstehenden Bemerkungen Veranlassung:

1. In denjenigen im § 1. des Regulativs erwähnten Streitsachen der Armenverbände, in denen die Erstattung von Armenpflegekosten oder die Uebernahme eines Hülfs-

bedürftigen verlangt wird, soll die Entscheidung, gemäß § 52. des Ausführungsgesetzes vom 8. März 1871, in öffentlicher Sitzung der Deputation nach vorgängiger Ladung und Anhörung der Parteien oder ihrer mit Vollmacht versehenen Vertreter erfolgen.

Diese Vorschrift ist, wie es der § 1. des Regulativs vorsieht, in allen Fällen zu befolgen, — es sei denn, daß der Rechtsstreit durch ausdrückliche Zurücknahme der Klage überhaupt seine Erledigung findet. Die das Verfahren regelnden Bestimmungen der §§ 45 ff. a. a. O. bieten keinen Anhaltspunkt für die in einigen Gutachten ausgesprochene Ansicht, daß ein einfacher schriftlicher Bescheid der Deputation (Agnitions-Resolution, Kontumazial-Bescheid) dann genüge, wenn der in Anspruch genommene Armenverband in seiner schriftlichen Gegenerklärung die in der Klageschrift behaupteten Thatsachen zugestehe resp. die mit derselben überreichten Urkunden anerkenne oder wenn er überhaupt eine Gegenerklärung innerhalb der gesetzlichen Frist nicht einreiche. Selbst dann, wenn die Deputation der Ansicht ist, daß der Gegenstand der Klage durch ein im Laufe des Verfahrens in urkundlich-exekutorischer Form (§§ 53, 55 des Reichsgesetzes über den Unterstützungswohnsitz) ausgestelltes Anerkenntniß seine Erledigung gefunden habe, ist solches mittelst einer, in öffentlicher Sitzung ergehenden Entscheidung auszusprechen, — falls nicht der klagende Armenverband sich durch das gedachte Anerkenntniß ausdrücklich für befriedigt erklärt und dem entsprechend die Klage zurücknimmt.

Noch weniger ist, im Hinblick auf die unzweideutige Bestimmung des § 52 cit., der in einem Gutachten hervorgetretenen Auffassung zuzustimmen, daß es überhaupt und in allen Fällen nur einer mündlichen und öffentlichen Verhandlung und eines demnächst zu erlassenden schriftlichen Bescheides bedürfe; die Entscheidung ist vielmehr in allen Fällen in öffentlicher Sitzung zu publiziren.

In einem Gutachten ist endlich der Ansicht Ausdruck gegeben worden, daß es den Deputationen zustehe, eine ihnen unbegründet erscheinende Klage von vorn herein „per decretum“ abzuweisen, — also die Einleitung des in §§ 45 ff. des Ausführungsgesetzes vorgeschriebenen Verfahrens abzulehnen und demgemäß die Entscheidung ohne zuvorige Anhörung des Gegners und — nicht in öffentlicher Sitzung, sondern im Wege einer bloßen Verfügung zu treffen. Eine Befugniß solcher Art ist den Deputationen durch das Ausführungsgesetz nicht eingeräumt. Gemäß § 47. a. a. O. ist die Klageschrift in allen Fällen (§ 1. des Regulativs) der Gegenpartei zuzustellen und das Verfahren in der durch das Gesetz angeordneten Weise zu Ende zu führen.

2. Zu § 2. Nr. 8. des Regulativs ist die Frage aufgeworfen worden, ob den Deputationen die Entscheidung letzter Instanz auch dann zustehe, wenn in den Fällen des § 63. des Ausführungsgesetzes gegen die in erster Instanz ergangene, dem Orts-Armenverbande ungünstige Entscheidung von dem Vorstande dieses Orts-Armenverbandes Rekurs eingelegt werde? Diese Frage ist unbedenklich zu bejahen. Eine andere Auslegung des § 63 cit. würde unter Umständen zu widersinnigen Resultaten führen können. Wenn z. B. von dem Kreis-Landrathe in erster Instanz die einem Hülfsbedürftigen zu gewährende Un-

terstützung auf monatlich 2 Thaler festgesetzt worden ist, so kann dagegen von dem Orts-Armenverbande und von dem Hülfsbedürftigen Rekurs eingelegt werden, — von dem ersteren, weil er die festgesetzte Summe für zu hoch, von dem Hülfsbedürftigen, weil er sie für zu niedrig hält. Wollte man nun annehmen, daß die Deputation in letzter Instanz nur dann zu entscheiden habe, wenn die Sache auf den Rekurs des Hülfsbedürftigen an sie gelangt, so könnte sich das Ergebniß herausstellen, daß die zu gewährende Summe auf den Rekurs des Hülfsbedürftigen von der Deputation erhöhet, — auf den Rekurs des Armenverbandes aber von der Bezirks-Regierung herabgesetzt würde. Die Kompetenz der Deputation tritt nach § 63. cit. in allen denjenigen Fällen ein, in denen in letzter Instanz darüber zu befinden ist, ob ein Hülfsbedürftiger mit Recht oder mit Unrecht Beschwerde über den Vorstand eines Orts-Armenverbandes erhoben hat.

Zu derselben Nr. 8. des § 2. des Regulativs ist ferner ein Zweifel darüber erhoben worden, welche gesetzliche Bestimmungen für den Instanzenzug in den Fällen des § 63. des Ausführungsgesetzes, — abgesehen von der Kompetenz der an Stelle der Bezirks-Regierung tretenden Deputation, — maßgebend seien? Dieser Zweifel erledigt sich durch die Erwägung, daß nach §§ 2 ff. des Ausführungsgesetzes die Verwaltung der öffentlichen Armenpflege in den Gemeindebezirken eine Gemeinde-Angelegenheit ist und daß nach § 25. a. a. O. die Aufsicht über die Verwaltung der Orts-Armenverbände von der Staats-Regierung nach Maßgabe der Gemeinde-Verfassungsgesetze zu üben ist. Die in § 63. cit. gedachten Beschwerden werden daher demselben Instanzenzuge zu folgen haben, wie die sonstigen Gemeinde-Angelegenheiten, — mit der alleinigen Maßgabe, daß an Stelle der Bezirks-Regierung die Deputation, und zwar endgültig, entscheidet. Dadurch wird selbstverständlich die Aktion der Polizei-Behörde in solchen Fällen nicht ausgeschlossen, in denen ein schleuniges Eingreifen aus Gründen der öffentlichen Ordnung, resp. zur Verhütung eines sonst unabwendbaren, unmittelbar bevorstehenden Schadens als geboten betrachtet werden muß.

3. Die in einem Gutachten ausgesprochene Ansicht, als brauchte zu den Sitzungen der Deputation, mit Rücksicht auf § 42. des Ausführungsgesetzes, immer nur eins der gewählten Mitglieder nach einer vorher festzusetzenden Reihenfolge eingeladen zu werden, ist als unbegründet zu bezeichnen.

4. Es hat nicht für angemessen erachtet werden können, in § 12. des Regulativs eine Bestimmung des Inhalts aufzunehmen, daß die Verhandlung in öffentlicher Sitzung immer mit einem Vortrage des ernannten Referenten zu beginnen habe. Falls beide Parteien erscheinen, ist denselben die Befugniß, ihre Sache selbst vorzutragen, nicht zu entziehen; es genügt, wenn in allen Fällen, wie es das Regulativ vorsieht, ein Referent im Voraus bestellt wird, welcher in der Lage ist, den Vortrag der Parteien zu kontrolliren und event., d. h. wenn die Parteien sich zum eigenen Vortrag der Sache unfähig erweisen, zu ergänzen.

5. Zu § 14. des Regulativs wird bemerkt, daß jeden-

falls das, nach § 56. des Ausführungsgesetzes zu erhebende Pauschquantum stets sofort mittelst der in der Sache selbst zu erlassenden Entscheidung festzusetzen ist. Es wird sich überdies empfehlen, der Regel nach in gleicher Weise auch bezüglich der sonstigen, dem unterliegenden Theile zur Last zu legenden, von der Deputation, ebenso wie das Pauschquantum, endgültig festzusetzenden Auslagen und Gebühren zu verfahren und ein unvermeidlich mit Weiterungen verbundenes, nachträgliches Festsetzungs-Verfahren nur ausnahmsweise und zwar dann zuzulassen, wenn in der That anerkannt werden muß, daß die Partei aus besonderen Gründen nicht im Stande gewesen ist, die bezügliche Rechnung bis zum Tage der mündlichen Verhandlung beizubringen. Es kann nicht zugegeben werden, daß die Parteien nicht der Regel nach im Stande sein sollten, einem derartigen Verlangen zu genügen, resp. daß ihnen eine dahin gerichtete Verpflichtung nicht sollte auferlegt werden dürfen.

Bemerkt wird, daß der § 56. des Ausführungsgesetzes die Festsetzung des Pauschquantums bis zum Höchstbetrage von 20 Thalern, sowie die Festsetzung der Gebühren 2c. dem Ermessen der Deputation überlassen hat. Bezüglich der Gebühren 2c. dürfte es sich empfehlen, deren Festsetzung nach Analogie der entsprechenden gerichtlichen Tarife zu bewirken. Auch wird der in einigen Gutachten ausgesprochenen Ansicht beigetreten, daß die bei den Deputationen entstehenden Kopialien — mit Ausnahme der Kopialien für die nach § 6. des Regulativs auf Kosten der Partei anzufertigenden Duplikate — als in dem Pauschquantum mitbegriffen zu betrachten sind. Die eben erwähnten Duplikat-Kopialien werden, da die Bezirks-Regierung am Sitze der Deputation das Bureau- und Kanzlei-Personal zu stellen hat, nach den dieserhalb bei den Regierungen bestehenden Grundsätzen zu berechnen sein.

Berlin, 1. Februar 1872.

Der Minister des Innern.
Graf zu Eulenburg.

Der Justiz-Minister.
In dessen Vertretung:
de Rège.

IV.

Gesetz über die Erwerbung und den Verlust der Bundes- und Staatsangehörigkeit.

Vom 1. Juni 1870.*)

(B. G. Bl. 1870. S. 355.)

Wir **Wilhelm**, von Gottes Gnaden König von Preußen rc. verordnen im Namen des Norddeutschen Bundes, nach erfolgter Zustimmung des Bundesrathes und des Reichstages, was folgt:

---

*) Dieses Gesetz gilt nach Art. 80. I. 24. der zwischen dem Nordd. Bunde u. den Großherzogthümern Baden u. Hessen vereinbarten Verfassung vom 15. Nov. 1870 (B. G. Bl. 1870. S. 647) auch für diese Großherzogthümer, ferner nach Art. 1 des Vertrages v. 25. Nov. 1870 (B. G. Bl. 1870 S. 654) für Württemberg und nach § 9. des G. v. 22. April 1871 (B. G. Bl. 1871. S. 87) für Bayern, mit Ausnahme der Bestimmungen in § 1. Abs. 2., § 8. Abs. 3. und § 16. Die Abänderungen dieser Bestimmungen finden nach § 12. des G. v. 22. April 1871. im ganzen Reiche Anwendung.

Der § 2. des Ges. betr. d. Verfass. d. Deutsch. Reichs, v. 16. April

§ 1. Die Bundesangehörigkeit wird durch die Staatsangehörigkeit in einem Bundesstaate erworben und erlischt mit deren Verlust.

Angehörige des Großherzogthums Hessen besitzen die Bundesangehörigkeit nur dann, wenn sie in den zum Bunde gehörigen Theilen des Großherzogthums heimathsberechtigt sind.

Vergl. Art. 3 der Verfass. des Deutschen Reichs (B. G. Bl. 1871 S. 65) *):

„Für ganz Deutschland besteht ein gemeinsames Indigenat mit der Wirkung, daß der Angehörige (Unterthan, Staatsbürger) eines jeden Bundesstaates in jedem anderen Bundesstaate als Inländer zu behandeln und demgemäß zum festen Wohnsitz, zum Gewerbebetriebe, zu öffentlichen Aemtern, zur Erwerbung von Grundstücken, zur Erlangung des Staatsbürgerrechtes und zum Genusse aller sonstigen bürgerlichen Rechte unter denselben Voraussetzungen wie der Einheimische zuzulassen, auch in Betreff der Rechtsverfolgung und des Rechtsschutzes demselben gleich zu behandeln ist.

Kein Deutscher darf in der Ausübung dieser Befugniß durch die Obrigkeit seiner Heimath, oder durch die Obrigkeit eines anderen Bundesstaates beschränkt werden.

Diejenigen Bestimmungen, welche die Armenversorgung und die Aufnahme in den lokalen Gemeindeverband betreffen, werden durch den im ersten Absatz ausgesprochenen Grundsatz nicht berührt.

Ebenso bleiben bis auf Weiteres die Verträge in Kraft, welche zwischen den einzelnen Bundesstaaten in Beziehung auf die Uebernahme von Auszuweisenden, die Verpflegung erkrankter und die Beerdigung verstorbener Staatsangehörigen bestehen.

Hinsichtlich der Erfüllung der Militairpflicht im Verhältniß zu

---

1871 (Anm. *) zu d. G. v. 6. Juni 1870, oben S. 1.) findet auch auf dieses Gesetz, welches durch denselben zum Reichsgesetz erklärt ist, Anwendung.

*) In Betreff Bayerns vergl. Schluß-Protokoll v. 23. Nov. 1870. I. II. III. (B. G. Bl. 1871 S. 23).

dem Heimathslande wird im Wege der Reichsgesetzgebung das Nöthige geordnet werden.

Dem Auslande gegenüber haben alle Deutschen gleichmäßig Anspruch auf den Schutz des Reichs." —

Absatz 2 des § 1 d. G. v. 1. Juni 1870 ist aufgehoben durch §§ 9, 12 d. Ges. v. 22. April 1871 (B. G. Bl. S. 87).

§ 2. Die Staatsangehörigkeit in einem Bundesstaate wird fortan nur begründet:

1) durch Abstammung (§ 3.),
2) durch Legitimation (§ 4.),
3) durch Verheirathung (§ 5.),
4) für einen Norddeutschen durch Aufnahme und
5) für einen Ausländer durch Naturalisation

(§§ 6 ff.).

Die Adoption hat für sich allein diese Wirkung nicht.

§ 3. Durch die Geburt, auch wenn diese im Auslande erfolgt, erwerben eheliche Kinder eines Norddeutschen die Staatsangehörigkeit des Vaters, uneheliche Kinder einer Norddeutschen die Staatsangehörigkeit der Mutter.

§ 4. Ist der Vater eines unehelichen Kindes ein Norddeutscher und besitzt die Mutter nicht die Staatsangehörigkeit des Vaters, so erwirbt das Kind durch eine den gesetzlichen Bestimmungen gemäß erfolgte Legitimation die Staatsangehörigkeit des Vaters.

§ 5. Die Verheirathung mit einem Norddeutschen begründet für die Ehefrau die Staatsangehörigkeit des Mannes.

§ 6. Die Aufnahme, sowie die Naturalisation (§ 2. Nr. 4. und 5.) erfolgt durch eine von der höheren Verwaltungsbehörde ausgefertigte Urkunde.

Formulare zu Naturalisations= und Aufnahme=Urkunden sind

für Preußen eingeführt durch Cirk. Erlaß d. Min. d. Inn. v. 5. Juni 1871 (Verw. M. Bl. S 161).

§ 7. Die Aufnahme-Urkunde wird jedem Angehörigen eines anderen Bundesstaates ertheilt, welcher um dieselbe nachsucht und nachweist, daß er in dem Bundesstaate, in welchem er die Aufnahme nachsucht, sich niedergelassen habe, sofern kein Grund vorliegt, welcher nach den §§ 2. bis 5. des Gesetzes über die Freizügigkeit vom 1. November 1867. (Bundesgesetzbl. S. 55.) die Abweisung eines Neuanziehenden oder die Versagung der Fortsetzung des Aufenthalts rechtfertigt.

§ 8. Die Naturalisations-Urkunde darf Ausländern nur dann ertheilt werden, wenn sie

1) nach den Gesetzen ihrer bisherigen Heimath dispositionsfähig sind, es sei denn, daß der Mangel der Dispositionsfähigkeit durch die Zustimmung des Vaters, des Vormundes oder Kurators des Aufzunehmenden ergänzt wird;
2) einen unbescholtenen Lebenswandel geführt haben;
3) an dem Orte, wo sie sich niederlassen wollen, eine eigene Wohnung oder ein Unterkommen finden;
4) an diesem Orte nach den daselbst bestehenden Verhältnissen sich und ihre Angehörigen zu ernähren im Stande sind.

Vor Ertheilung der Naturalisations-Urkunde hat die höhere Verwaltungsbehörde die Gemeinde, beziehungsweise den Armenverband desjenigen Orts, wo der Aufzunehmende sich niederlassen will, in Beziehung auf die Erfordernisse unter Nr. 2. 3. und 4. mit ihrer Erklärung zu hören.

Von Angehörigen der Königreiche Bayern und Württemberg und des Großherzogthums Baden soll, im Falle der Reziprozität, bevor sie naturalisirt werden, der Nachweis, daß sie die Militairpflicht gegen ihr bisheriges Vaterland erfüllt haben oder davon befreit worden sind, gefordert werden.

Absatz 3 des § 8 ist aufgehoben durch §§ 9, 12 d. Ges. v. 22. April 1871 (B. G. Bl. S. 87).

§ 9. Eine von der Regierung oder von einer Central- oder höheren Verwaltungsbehörde eines Bundesstaates vollzogene oder bestätigte Bestallung für einen in den unmittelbaren oder mittelbaren Staatsdienst oder in den Kirchen-, Schul- oder Kommunaldienst aufgenommenen Ausländer oder Angehörigen eines anderen Bundesstaates vertritt die Stelle der Naturalisations-Urkunde, beziehungsweise Aufnahme-Urkunde, sofern nicht ein entgegenstehender Vorbehalt in der Bestallung ausgedrückt wird.

Ist die Anstellung eines Ausländers im Bundesdienst erfolgt, so erwirbt der Angestellte die Staatsangehörigkeit in demjenigen Bundesstaate, in welchem er seinen dienstlichen Wohnsitz hat.

§ 10. Die Naturalisations-Urkunde, beziehungsweise Aufnahme-Urkunde, begründet mit dem Zeitpunkte der Aushändigung alle mit der Staatsangehörigkeit verbundenen Rechte und Pflichten.

§ 11. Die Verleihung der Staatsangehörigkeit erstreckt sich, insofern nicht dabei eine Ausnahme gemacht wird, zugleich auf die Ehefrau und die noch unter väterlicher Gewalt stehenden minderjährigen Kinder.

§ 12. Der Wohnsitz innerhalb eines Bundesstaates begründet für sich allein die Staatsangehörigkeit nicht.

§ 13. Die Staatsangehörigkeit geht fortan nur verloren:

1) durch Entlassung auf Antrag (§§ 14 ff.);
2) durch Ausspruch der Behörde (§§ 20. und 22.);
3) durch zehnjährigen Aufenthalt im Auslande (§ 21.);
4) bei unehelichen Kindern durch eine den gesetzlichen Bestimmungen gemäß erfolgte Legitimation, wenn der Vater einem anderen Staate angehört als die Mutter;
5) bei einer Norddeutschen durch Verheirathung mit dem Angehörigen eines anderen Bundesstaates oder mit einem Ausländer.

§ 14. Die Entlassung wird durch eine von der höheren Verwaltungsbehörde des Heimathsstaates ausgefertigte Entlassungs-Urkunde ertheilt.

Formulare zu Entlassungs-Urkunden für Preußen sind durch Cirkular-Erlaß d. Min. d. Inn. v. 5. Juni 1871 (Verw. Min. Bl. S. 161) eingeführt.

§ 15. Die Entlassung wird jedem Staatsangehörigen ertheilt, welcher nachweist, daß er in einem anderen Bundesstaate die Staatsangehörigkeit erworben hat.

In Ermangelung dieses Nachweises darf sie nicht ertheilt werden:

1) Wehrpflichtigen, welche sich in dem Alter vom vollendeten siebenzehnten bis zum vollendeten fünf und zwanzigsten Lebensjahre befinden, bevor sie ein Zeugniß der Kreis-Ersatzkommission darüber beigebracht haben, daß sie die Entlassung nicht

blos in der Absicht nachsuchen, um sich der Dienstpflicht im stehenden Heere oder in der Flotte zu entziehen;

2) Militairpersonen, welche zum stehenden Heere oder zur Flotte gehören, Offizieren des Beurlaubtenstandes und Beamten, bevor sie aus dem Dienste entlassen sind;

3) den zur Reserve des stehenden Heeres und zur Landwehr, sowie den zur Reserve der Flotte und zur Seewehr gehörigen und nicht als Offiziere angestellten Personen, nachdem sie zum aktiven Dienste einberufen worden sind.

§ 16. Norddeutschen, welche nach dem Königreich Bayern, dem Königreich Württemberg oder dem Großherzogthum Baden oder nach den nicht zum Bunde gehörigen Theilen des Großherzogthums Hessen auswandern wollen, ist im Falle der Reziprozität die Entlassung zu verweigern, so lange sie nicht nachgewiesen haben, daß der betreffende Staat sie aufzunehmen bereit ist.

Der § 16 ist aufgehoben durch §§ 9, 12 d. Ges. v. 22. April 1871 (B. G. Bl. S. 87).

§ 17. Aus anderen als aus den in §§ 15. und 16. bezeichneten Gründen darf in Friedenszeiten die Entlassung nicht verweigert werden. Für die Zeit eines Krieges oder einer Kriegsgefahr bleibt dem Bundespräsidium der Erlaß besonderer Anordnung vorbehalten.

§ 18. Die Entlassungs-Urkunde bewirkt mit dem Zeitpunkte der Aushändigung den Verlust der Staatsangehörigkeit.

Die Entlassung wird unwirksam, wenn der Entlassene

nicht binnen sechs Monaten vom Tage der Aushändigung der Entlassungs=Urkunde an seinen Wohnsitz außerhalb des Bundesgebietes verlegt oder die Staatsangehörigkeit in einem anderen Bundesstaate erwirbt.

§ 19. Die Entlassung erstreckt sich, insofern nicht dabei eine Ausnahme gemacht wird, zugleich auf die Ehefrau und die noch unter väterlicher Gewalt stehenden minderjährigen Kinder.

§ 20. Norddeutsche, welche sich im Auslande aufhalten, können ihrer Staatsangehörigkeit durch einen Beschluß der Centralbehörde ihres Heimathsstaates verlustig erklärt werden, wenn sie im Falle eines Krieges oder einer Kriegsgefahr einer durch das Bundespräsidium für das ganze Bundesgebiet anzuordnenden ausdrücklichen Aufforderung zur Rückkehr binnen der darin bestimmten Frist keine Folge leisten.

§ 21. Norddeutsche, welche das Bundesgebiet verlassen und sich zehn Jahre lang ununterbrochen im Auslande aufhalten, verlieren dadurch ihre Staatsangehörigkeit. Die vorbezeichnete Frist wird von dem Zeitpunkte des Austritts aus dem Bundesgebiete oder, wenn der Austretende sich im Besitz eines Reisepapieres oder Heimathsscheines befindet, von dem Zeitpunkte des Ablaufs dieser Papiere an gerechnet. Sie wird unterbrochen durch die Eintragung in die Matrikel eines Bundeskonsulats. Ihr Lauf beginnt von Neuem mit dem auf die Löschung in der Matrikel folgenden Tage.

Der hiernach eingetretene Verlust der Staatsangehörigkeit erstreckt sich zugleich auf die Ehefrau und die unter väterlicher Gewalt stehenden minderjährigen Kinder, soweit sie sich bei dem Ehemanne, beziehungsweise Vater befinden.

Für Norddeutsche, welche sich in einem Staate des Auslandes mindestens fünf Jahre lang ununterbrochen aufhalten und in demselben zugleich die Staatsangehörigkeit erwerben, kann durch Staatsvertrag die zehnjährige Frist bis auf eine fünfjährige vermindert werden, ohne Unterschied, ob die Betheiligten sich im Besitze eines Reisepapieres oder Heimathsscheines befinden oder nicht.

Norddeutschen, welche ihre Staatsangehörigkeit durch zehnjährigen Aufenthalt im Auslande verloren und keine andere Staatsangehörigkeit erworben haben, kann die Staatsangehörigkeit in dem früheren Heimathsstaate wieder verliehen werden, auch ohne daß sie sich dort niederlassen.

Norddeutsche, welche ihre Staatsangehörigkeit durch zehnjährigen Aufenthalt im Auslande verloren haben und demnächst in das Gebiet des Norddeutschen Bundes zurückkehren, erwerben die Staatsangehörigkeit in demjenigen Bundesstaate, in welchem sie sich niedergelassen haben, durch eine von der höheren Verwaltungsbehörde ausgefertigte Aufnahme=Urkunde, welche auf Nachsuchen ihnen ertheilt werden muß.

§ 22. Tritt ein Norddeutscher ohne Erlaubniß seiner Regierung in fremde Staatsdienste, so kann die Centralbehörde seines Heimathsstaates denselben durch Beschluß seiner Staatsangehörigkeit verlustig erklären, wenn er einer ausdrücklichen Aufforderung zum Austritte binnen der darin bestimmten Frist keine Folge leistet.

§ 23. Wenn ein Norddeutscher mit Erlaubniß seiner

Regierung bei einer fremden Macht dient, so verbleibt ihm seine Staatsangehörigkeit.

§ 24. Die Ertheilung von Aufnahme=Urkunden und in den Fällen des § 15. Absatz 1. von Entlassungs=Urkunden erfolgt kostenfrei.

Für die Ertheilung von Entlassungs=Urkunden in anderen als den im § 15. Absatz 1. bezeichneten Fällen darf an Stempelabgaben und Ausfertigungsgebühren zusammen nicht mehr als höchstens Ein Thaler erhoben werden.

§ 25. Für die beim Erlasse dieses Gesetzes im Auslande sich aufhaltenden Angehörigen derjenigen Bundesstaaten, nach deren Gesetzen die Staatsangehörigkeit durch einen zehnjährigen oder längeren Aufenthalt im Auslande verloren ging, wird der Lauf dieser Frist durch dieses Gesetz nicht unterbrochen.

Für die Angehörigen der übrigen Bundesstaaten beginnt der Lauf der im § 21. bestimmten Frist mit dem Tage der Wirksamkeit dieses Gesetzes.

§ 26. Alle diesem Gesetz zuwiderlaufenden Vorschriften werden aufgehoben.

§ 27. Dieses Gesetz tritt am 1. Januar 1871 in Kraft.

Die §§ 17. u. 20. sind nach d. G. v. 21. Juli 1870 schon am Tage der Verkündigung dieses Gesetzes (22. Juli 1870) in Kraft getreten (B. G. Bl. 1870. S. 498).

Urkundlich unter Unserer Höchsteigenhändigen Unterschrift und beigedrucktem Bundes=Insiegel.

Gegeben Schloß Babelsberg, den 1. Juni 1870.

(L. S.) **Wilhelm.**

Gr. v. Bismarck=Schönhausen.

V.

Gesetz über die Freizügigkeit.

Vom 1. November 1867.*)

(B. G. Bl. 1867. S. 55.)

Wir **Wilhelm**, von Gottes Gnaden König von Preußen rc. verordnen im Namen des Norddeutschen Bundes, nach erfolgter Zustimmung des Bundesrathes und des Reichstages, was folgt:

§ 1. Jeder Bundesangehörige hat das Recht, innerhalb des Bundesgebietes

1) an jedem Orte sich aufzuhalten oder niederzulassen, wo er eine eigene Wohnung oder ein Unterkommen sich zu verschaffen im Stande ist;
2) an jedem Orte Grundeigenthum aller Art zu erwerben;
3) umherziehend oder an dem Orte des Aufenthalts, beziehungsweise der Niederlassung, Gewerbe aller Art zu betreiben, unter den für Einheimische geltenden gesetzlichen Bestimmungen.

---

*) Dieses Gesetz gilt nach Art. 80. I. 3. der zwisch. dem Nordd. Bunde u. den Großherzogthüm. Baden u. Hessen vereinbarten Verfass. v. 15. Nov. 1870 (B. G. Bl. S 647) auch für diese Großherzogthümer, nach Art. 1. des Vertr. vom 25. Nov. 1870 (B. G. Bl. S. 654) für Württemberg u. nach § 2. I. 3. des G. v. 22. April 1871 (B. G. Bl. S. 87) für Bayern.

Der § 2. des Gesetz., betr. die Verfass. des Deutsch. Reichs, v. 16. April 1871 (Anm. *) zu dem G. v. 6. Juni 1870, oben S. 1) findet auch auf das Freizügigkeitsgesetz, welches durch jenen § zum Reichsgesetz erklärt ist, Anwendung.

In der Ausübung dieser Befugnisse darf der Bundesangehörige, soweit nicht das gegenwärtige Gesetz Ausnahmen zuläßt, weder durch die Obrigkeit seiner Heimath, noch durch die Obrigkeit des Ortes, in welchem er sich aufhalten oder niederlassen will, gehindert oder durch lästige Bedingungen beschränkt werden.

Keinem Bundesangehörigen darf um des Glaubensbekenntnisses willen oder wegen fehlender Landes- oder Gemeindeangehörigkeit der Aufenthalt, die Niederlassung, der Gewerbebetrieb oder der Erwerb von Grundeigenthum verweigert werden.

Ueber den Nachweis der Bundesangehörigkeit bei Niederlassungen s. R. d. Min. d. Inn. v. 27. Juni 1868 (Verw. M. Bl. S. 237).

Unter dem Worte „Unterkommen" ist nicht der Nachweis eines reellen Erwerbsverhältnisses, sondern nur Wohnung gemeint. R. d. Min. d. Inn. v. 31. Aug. 1868 (V. M. Bl. S. 266).

§ 2. Wer die aus der Bundesangehörigkeit folgenden Befugnisse in Anspruch nimmt, hat auf Verlangen den Nachweis seiner Bundesangehörigkeit und, sofern er unselbständig ist, den Nachweis der Genehmigung desjenigen, unter dessen (väterlicher, vormundschaftlicher oder ehelicher) Gewalt er steht, zu erbringen.

§ 3. Insoweit bestrafte Personen nach den Landesgesetzen Aufenthaltsbeschränkungen durch die Polizeibehörde unterworfen werden können, behält es dabei sein Bewenden.

Solchen Personen, welche derartigen Aufenthaltsbeschränkungen in einem Bundesstaate unterliegen, oder welche in einem Bundesstaate innerhalb der letzten zwölf Monate wegen wiederholten Bettelns oder wegen wiederholter Landstreicherei bestraft worden sind, kann der Aufenthalt in jedem anderen Bundesstaate von der Landespolizeibehörde verweigert werden.

Die besonderen Gesetze und Privilegien einzelner Ortschaften und Bezirke, welche Aufenthaltsbeschränkungen gestatten, werden hiermit aufgehoben.

§ 4. Die Gemeinde ist zur Abweisung eines neu Anziehenden nur dann befugt, wenn sie nachweisen kann, daß derselbe nicht hinreichende Kräfte besitzt, um sich und seinen nicht arbeitsfähigen Angehörigen den nothdürftigen Lebensunterhalt zu verschaffen, und wenn er solchen weder aus eigenem Vermögen bestreiten kann, noch von einem dazu verpflichteten Verwandten erhält. Den Landesgesetzen bleibt vorbehalten, diese Befugniß der Gemeinden zu beschränken.

Die Besorgniß vor künftiger Verarmung berechtigt den Gemeindevorstand nicht zur Zurückweisung.

§ 5. Offenbart sich nach dem Anzuge die Nothwendigkeit einer öffentlichen Unterstützung, bevor der neu Anziehende an dem Aufenthaltsorte einen Unterstützungswohnsitz (Heimathsrecht) erworben hat, und weist die Gemeinde nach, daß die Unterstützung aus anderen Gründen, als wegen einer nur vorübergehenden Arbeitsunfähigkeit nothwendig geworden ist, so kann die Fortsetzung des Aufenthalts versagt werden.

Die Wieder-Ausweisung erfordert nothwendig den Nachweis einer dauernden Arbeitsunfähigkeit. R. d. Min. d. Inn. v. 27. Juli 1871 (Verw. M. Bl. S. 249).

§ 6. Ist in den Fällen, wo die Aufnahme oder die Fortsetzung des Aufenthalts versagt werden darf, die Pflicht zur Uebernahme der Fürsorge zwischen verschiedenen Gemeinden eines und desselben Bundesstaates streitig, so erfolgt die Entscheidung nach den Landesgesetzen.

Die thatsächliche Ausweisung aus einem Orte darf niemals erfolgen, bevor nicht entweder die Annahme-Erklärung der in Anspruch genommenen Gemeinde oder eine wenigstens einstweilen vollstreckbare Entscheidung über die Fürsorgepflicht erfolgt ist.

§ 7. Sind in den in § 5 bezeichneten Fällen verschiedene Bundesstaaten betheiligt, so regelt sich das Verfahren nach dem Vertrage wegen gegenseitiger Verpflichtung zur Uebernahme der Auszuweisenden d. d. Gotha, den 15. Juli 1851, sowie nach den späteren, zur Ausführung dieses Vertrages getroffenen Verabredungen.

Bis zur Uebernahme Seitens des verpflichteten Staates ist der Aufenthaltsstaat zur Fürsorge für den Auszuweisenden am Aufenthaltsorte nach den für die öffentliche Armenpflege in seinem Gebiete gesetzlich bestehenden Grundsätzen verpflichtet. Ein Anspruch auf Ersatz der für diesen Zweck verwendeten Kosten findet gegen Staats-, Gemeinde- oder andere öffentliche Kassen desjenigen Staates, welchem der Hülfsbedürftige angehört, sofern nicht anderweitige Verabredungen bestehen, nur insoweit statt, als die Fürsorge für den Auszuweisenden länger als drei Monate gedauert hat.

Die Bestimmungen des § 7 sind auf Deutsche nicht mehr anwendbar. § 1 des Gesetzes v. 6. Juni 1870 (oben S. 1.)

§ 8. Die Gemeinde ist nicht befugt, von neu Anziehenden wegen des Anzugs eine Abgabe zu erheben. Sie kann dieselben, gleich den übrigen Gemeindeeinwohnern, zu den Gemeindelasten heranziehen. Uebersteigt die Dauer des Aufenthalts nicht den Zeitraum von drei Monaten, so sind die neu Anziehenden diesen Lasten nicht unterworfen.

§ 9. Was vorstehend von den Gemeinden bestimmt ist, gilt an denjenigen Orten, wo die Last der öffentlichen Armenpflege verfassungsmäßig nicht der örtlichen Gemeinde, sondern anderen gesetzlich anerkannten Verbänden (Armenkommunen) obliegt, auch von diesen, sowie von denjenigen Gutsherrschaften, deren Gutsbezirk sich nicht in einem Gemeindeverbande befindet.

§ 10. Die Vorschriften über die Anmeldung der neu Anziehenden bleiben den Landesgesetzen mit der Maßgabe vorbehalten, daß die unterlassene Meldung nur mit einer Polizeistrafe, niemals aber mit dem Verluste des Aufenthaltsrechts (§ 1) geahndet werden darf.

§ 11. Durch den bloßen Aufenthalt oder die bloße Niederlassung, wie sie das gegenwärtige Gesetz gestattet, werden andere Rechtsverhältnisse, namentlich die Gemeindeangehörigkeit, das Ortsbürgerrecht, die Theilnahme an den Gemeindenutzungen und der Armenpflege, nicht begründet.

Wenn jedoch nach den Landesgesetzen durch den Aufenthalt oder die Niederlassung, wenn solche eine bestimmte Zeit hindurch ununterbrochen fortgesetzt worden, das Heimathsrecht (Gemeindeangehörigkeit, Unterstützungswohnsitz) erworben wird, behält es dabei sein Bewenden.

§ 12. Die polizeiliche Ausweisung Bundesangehöriger aus dem Orte ihres dauernden oder vorübergehenden Aufenthalts in anderen als in den durch dieses Gesetz vorgesehenen Fällen ist unzulässig.

Im Uebrigen werden die Bestimmungen über die Fremdenpolizei durch dieses Gesetz nicht berührt.

§ 13. Dies Gesetz tritt am 1. Januar 1868 in Kraft.

Urkundlich unter Unserer Höchsteigenhändigen Unterschrift und beigedrucktem Bundes-Insiegel.

Gegeben Schloß Blankenburg, den 1. November 1867.

(L. S.) **Wilhelm.**

Gr. v. Bismarck-Schönhausen.

Nachtrag.

(Zu § 71. S. 90).

Die im § 71. vorbehaltene Kgl. Verordnung ist am 12. Juli 1871. erlassen u. bestimmt: Die in dem G. v. 8. März 1871. den Bezirksregierungen resp. den Landräthen überwiesenen Verrichtungen sollen für das Jadegebiet bis auf Weiteres von dem Admiralitäts-Kommissariate zu Oldenburg resp. dem Amte des Jadegebietes wahrgenommen werden. Ebenso tritt daselbst das zuletzt gedachte Amt an die Stelle der Kreiskommissionen und übernimmt gleichzeitig die Verwaltung des Landarmen- und Korrigendenwesens. (Preuß. Ges.-S. 1871. S. 313).

Sach-Register.

Die Zahlen beziehen sich auf die Seiten, eingeklammerte auf die §§.

A.

B.

J.

K.

L.

M.

N.

O.

W.

Z.

Druck von Troitzsch & Ostertag in Berlin.

Kolibri 360 GmbH
Ferdinand-Jühlke-Straße 7
99095 Erfurt, Deutschland
produktsicherheit@kolibri360.de